【旅游产业创新与发展丛书】

# 古镇发展

/基于长三角生态绿色一体化发展示范区的研究/

STUDY OF THE ANCIENT TOWN DEVELOPMENT IN THE ECO-FRIENDLY INTEGRATION DEMONSTRATION ZONE OF THE YANGTZE RIVER DELTA ON ECOLOGICALLY FRIENDLY DEVELOPMENT

本研究受科技创新服务能力建设基本科研业务费支持。

范志刚 张立莉 蔡 晟 等◎著

经济管理出版社
ECONOMY & MANAGEMENT PUBLISHING HOUSE

**图书在版编目（CIP）数据**

古镇发展：基于长三角生态绿色一体化发展示范区的研究/范志刚等著．—北京：经济管理出版社，2021.5
ISBN 978-7-5096-8026-1

Ⅰ．①古…　Ⅱ．①范…　Ⅲ．①长江三角洲—乡镇—区域经济发展—研究
Ⅳ．①F299.295

中国版本图书馆 CIP 数据核字（2021）第 106386 号

组稿编辑：王光艳
责任编辑：杜奕彤
责任印制：黄章平
责任校对：董杉珊

出版发行：经济管理出版社
（北京市海淀区北蜂窝 8 号中雅大厦 A 座 11 层　100038）
网　　址：www. E-mp. com. cn
电　　话：（010）51915602
印　　刷：唐山昊达印刷有限公司
经　　销：新华书店
开　　本：710mm×1000mm /16
印　　张：12.75
字　　数：222 千字
版　　次：2021 年 7 月第 1 版　　2021 年 7 月第 1 次印刷
书　　号：ISBN 978-7-5096-8026-1
定　　价：68.00 元


联系地址：北京阜外月坛北小街 2 号
电话：（010）68022974　　邮编：100836

## 本书顾问

薛　峰　邹统钎　王　欣

# 前　言

长三角地区是我国经济发展活跃、开放程度高、创新能力强的区域之一，在国家现代化建设大局和全方位开放格局中具有举足轻重的战略地位。实施长三角一体化发展战略，是引领全国高质量发展、完善我国改革开放空间布局、打造我国发展强劲活跃增长极的重大战略举措。

建设长三角生态绿色一体化发展示范区是实施长三角一体化发展战略的先手棋和突破口。以上海青浦、江苏吴江、浙江嘉善为长三角生态绿色一体化发展示范区，将示范引领长三角地区更高质量一体化发展。

江南文化是中华文化核心价值观的重要部分，江南古镇是中华文化核心价值观的重要载体。此次长三角生态绿色一体化示范区古镇发展课题研究，以向世界输出中国的文化价值观体系，即中华遗产、人居典范的江南古镇为目标，围绕“生态优势转化新标杆、绿色创新发展新高地、一体化制度创新试验田、人与自然和谐宜居新典范”的战略定位，主要从“7+X”古镇发展分析、江南水乡古镇发展路径和方向、“文旅融合”的江南文化示范区构想、青西三镇示范点落地机制等方面展开，为长三角生态绿色一体化背景下塑造江南文化品牌和促进江南古镇发展提供支撑。

# 目　录

# 绪　论

## 一、项目背景

江南水乡古镇作为重要的中华文化遗产是长江三角洲（以下简称长三角）区域社会发展的见证，也是市民的集体记忆和不可再生的文化资源。历史上的江南古镇，深入河网、密如星斗，形成了联系城乡，甚至全国市场的经济网络。古镇反映了不同历史时期各地的社会活动、意识形态、人与自然的关系以及生态环境的状况。

2019 年 5 月印发的《长江三角洲区域一体化发展规划纲要》明确了上海市青浦区、江苏省吴江区和浙江省嘉善县为长三角生态绿色一体化发展示范区。为了更好地打响江南文化品牌，中共青浦区五届七次全会提出了打造江南文化示范区的发展目标。

示范区内保存至今的江南水乡古镇，留存有宝贵的文化记忆和历史风貌，不仅是明清文化的渊薮，也是沪、苏、宁、杭都市人的精神与心灵故乡。

长三角生态绿色一体化发展示范区内分布着七个国家级历史文化名镇，历史风貌与环境特色最为显明。本书将其作为研究对象，目的在于将历史文化保护和城市的发展战略、总体规划布局结合起来，统筹考虑不同的层次，探讨如何有效保护示范区的人文历史环境和生态、空间的整体秩序。同时，在示范区发展政策的制定过程中，将历史文化古镇作为重要因素和重要价值取向。

## 二、研究内容概述

江南，既是一个人文区域，也是一个自然地理区域、社会政治区域。地理区域上的江南指长江下游南岸的太湖与西湖流域，包括：上海市域；江苏省常州市域，无锡市域，苏州市域；浙江省湖州市域，嘉兴市域，杭州市北部、东部，绍兴市北部区域。人文区域上的江南所指更加宽泛，历代诗人将南方统称为江南，其总是与水乡联系，白墙青瓦、烟雨蒙蒙。诗情画意里的江南是中国特有的一个文化符号，所以我们必须去理解和建构一个文化系统上的江南。

《世界文化多样性宣言》指出："应把文化视为某个社会或某个社会群体特有的精神与物质、智力与情感方面的不同特点之总和；除了文学和艺术，文化还包括生活方式、共处的方式、价值观体系、传统和信仰。"

江南自古水网密布、商贾云集、文人雅士众多，是鱼米桑茶、丝绸手工业之乡构成了商业文化、生活方式、价值观念、传统与信仰的独特表达，具有内在的美学价值、古董特征，以及稀缺性。虽然今天的城市化和现代化加剧了古镇这些历史价值特征的流失，但是在不同的时代，文化有不同的表达方式，我们要探索的问题正是：在新时代，新江南文化应该如何表达。

### （一）本书的理论基础及重要命题

本书对江南水乡古镇的研究包括两个层面：

第一，广义的"江南古镇"，指在具有相似的自然环境条件、密切关联的经济活动、同一文化渊源的江南地区，凝聚了江南自然风光和人文景观的水乡古镇网络，"古镇"是江南文明这个历史形态网络的聚焦点。

从历史文化遗产的视角看：文化不仅包括一个地区主要的历史遗迹和习俗，而且还包含该地区的地理风貌，比如农庄和农田、道路、港口码头、工业建筑、村镇和主要的街道、商业设施，以及居住在该地区的居民及其经济活动等。从城市更新的视角看：江南城镇形态与本地自然环境相协调的人居格局，以及富有特色的建筑形制是城市的基因，与此同等重要的文学、诗画、音乐等艺术载体都是值得尊重的历史文脉，对其进行保护和传承才能使城市永续发展。新江南要承载新内容、重视新传承、满足新需求、采用新方式反映新时代要求，以进行有机更新。承载新内容要求不光改变街道或建筑表面，而是紧扣产业升级和消费结构升级，再造新型的城镇空间；重视新传承体现在，尊重历史传承和文脉延续、用文化创意引领更新，再造新的活力领域；满足新需求体现在，满足城市由扩张型向内涵式发展的需求，从需求端重新启动江南文化资产、再造城镇价值网络和体系；采用新方式体现在，采用新的融资方式、新的发展理念、新的经营模式，塑造一种有机生长的方式。从产业发展的视角看：新科技和新消费驱动新的产业升级。全球化进程不断延续，国际竞争日益激烈，内生经济发展不断加速，要求各地区将创意与文化产业作为城市和区域发展的重点。我们将广义上的江南古镇看作思想开放，并具有世界性、文化特性的区域，可以比肩欧洲、日本等拥有高价值文化产品和服务的市场区域。

新经济的兴起与科技智造业对城市的重塑，文化创意产业的进一步聚集，后工业社会里手工艺与传统文化的复兴，文化产品与文化服务在消费与生产上的进一步融合都推动着江南地区社会、经济、文明的发展。我们在精心维系江南水乡城镇空间环境的同时，应使物质环境中蕴含的文化底蕴绽现出新的生命力，形成物质环境留存、社会网络维系、无形文化传承的江南情境。探索江南文化、创意产业、区域发展与城市更新之间的互动机制与实践推进举措正是本书的重要命题。

第二，狭义的“江南古镇”，就是江南地区历史悠久的镇，界定为国家级或省级历史文化名镇（由住房和城乡建设部与国家文物局共同组织评选，保存文物特别丰富，且具有重大历史价值或纪念意义，能较完整地反映历史传统风貌和地方民族特色的镇）。江南古镇属于历史文化名镇（包括历史文化街区与历史文化名街）。这些古镇是一种多要素继承的文化表征，即代表市镇形象的象征性符号系统，包括有形的建筑艺术、民间美术、生产工具和生活场景，无形的风土人情、生活习俗及老地名、老故事等。

江南古镇具有高文化的意义、群体识别性的意义、思想性的意义、情感的意义。正因如此，大部分古镇都将最具观光特色的区块相对分离出来进行旅游开发，探索着古镇保护与旅游发展融合的模式与路径。笔者对上千篇有关江南古镇的研究文献进行了关键词共词分析，发现以往的研究主要集中于三个方向：古镇旅游资源开发研究、古镇文化内涵研究以及古镇的发展与保护研究。通过调研和对古镇旅游发展历程的观察，我们发现许多江南古镇的旅游业发展几经转型，虽然策略与转型路径各不相同，但是所面临的困境和动机相似。如观光旅游对古镇经济贡献度低；古镇旅游的接待容量有限；古镇旅游提供的产品同质化，需要更新旅游项目和产品；游客消费需求升级，旅游商品单一且缺乏经营特色，体验感不足；过度商业化失去原有特色，对宜居环境造成不良影响。其背后的原因有经费不足导致的保护修缮不到位或者新产品开发不足，产权与经营权混乱导致的业态规划与管理不当，产业支撑以及政策法规的约束不够，等等。同时，我们在调研中看到，保有历史建筑风貌或局部保留了古老民居建筑和街区的古镇在跟进旅游开发，尝试开发旅游景区或相关产品。如金泽镇在坚守生态保护与古镇保护的同时发展旅游，颐浩禅寺及老街片区在2019年成功申请了3A级景区，成立了仅有五人编制的管理公司，但是支持景区发展的资金十分有限，游客规模也十分有限。所以，江南古镇应当遵循怎样的发展规律并且做到可持续发展，仍然是摆在我们面前的一个重要课题。近年来，许多研究团队都对该问题进行了分析，提出了一些发展策略，比如2015年江南13个水乡古镇联合申报世界文化遗产，力争“十三五”期间完成申遗目标。此次申遗既是文化发展战略，又是旅游发展战略。将江南古镇整合为遗产廊道，以这一区域内的优势资源为核心对周边地区的旅游资源进行整合，从而形成具有鲜明特色的旅游区域。除了进行文化遗产旅游开发的发展策略，也有研究成果提出古镇传统商业向现代化产业和经济形态转型的思路，还有对向特色小镇、产业小镇、创意小镇发展的探索和思考。

### （二）本书的结论

第一，局限在狭义的古镇范畴内讨论江南古镇的发展模式和路径，难以改变发展不均衡、资源不共享、优势不突出的现实。所以，必须遵循区域发展一体化的战略，编织江南文化这张大能量网络，从广义和狭义两个范畴上研究分析，找答案。

第二，坚持以生态品质、生态文明、生态环境为内在核心和外在展现，把“诗画”和“美好”作为示范区古镇发展的美学和哲学基石。让古镇成为“诗画”（诗意栖居）美学和“美好”（一切智慧皆消融于美）哲学的重要呈现，让江南地区的匠作体系和设计方式成为重要的传承方式。让江南水乡成为可拜访（实地访问、阅读）、可领略（体验、欣赏）、可栖居（居住、生活）的美好家园。

第三，以“人”为核心构建新江南。新江南这张网络就是要为大量产业参与者、创业者、城市规划者、开发建设者、文化产业从业者、运营团队，提供一个思想开放、全球化的语境，通过这些人的互动交流创造出新的产品、服务，从而带来经济效益和社会效益。基于人的需求和供给构建新江南网络，把古镇空间放置在这个网络生态中保护、传承和发展。

第四，创新经济形态构建城镇产业社区综合发展体系，让历史街区“存活”在现代美好生活的世界里。既要重视自上而下的制度设计、政策驱动、规划设计，也要重视自下而上的能量传导，充分发挥去中心化、碎片化、组织化、分布化的网络城市的互联效应。

第五，旅游是一种无形产品，是一种体验，文化与遗产属于江南古镇旅游体验的核心要素。旅游的本质就是“诗意的栖居”，是对多样化生活方式的追求，所以发展文化旅游是政策制定者、管理方、投资方、居民最有话语交集、最能有效沟通的途径，有利于快速推进和落实各项保护策略，把古镇中低效的资产调动起来，发挥“+生态”“+旅游”“+产业”的聚合效应。

## 三、本书的三个重要层次

本书力求解答三个层次的问题。

宏观上：提出江南古镇与城市的发展远景，明确文化发展战略和产业发展战略。将“江南水乡古镇”作为一个文化整体。从文化遗产、景观资源、人居环境和旅游景区等不同角度对其进行价值分析、评估和保护，构建生态保护、规划、管理的系统工程，充分考虑历史城镇保护的整体性和可持续性发展的路径和长效机制，并将其视为一个完整的城市管理过程。江南文化的主导动机就在于利用水乡生态网络的沟通功能，选择并强化人们与水乡网络相关的行为和生活方式。江南古镇是自然环境与传统文化的共生综合体，也是江南水乡文化、非物质文化的“容器”，具有独特的“从生存智慧中创造出来的生活模式”，因此，江南文化的挖掘应该更多地从生活方式本身入手，建立契合示范区面向未来发展趋势的文化范式（这个文化范式就是人与自然诗意栖居的生活方式、共处的方式、价值观体系、传统与信仰的传递）。

长江三角洲（以下简称长三角）城市群的城镇化水平到2020年将达75%，这表明长三角现代城市空间体系将越来越开放，这必然导致现代生活方式的构建，进而催生新的文化范式的出现，并建设与之相匹配的现代开放的制度体系。这就要求我们不能仅基于空间的“物质规划”来实现江南文化区域的运作。这一运作应是一项利用江南区域的文化资源，通过多元主体参与推进的城市动态创新发展议程——由制定文化政策，创建产业平台，进行融资交流和建设基础设施创建创新环境等一系列行为共同推进。宏观上，本书力求绘制一张发展蓝图，但更强调探索出发展过程和机制。我们要构建的是“诗意栖居、心灵江南”：江南水乡形态与生态文明品质融合，历史文化遗存与创新经济形态融合，文化旅游与古镇遗产空间融合。

中观上：提出古镇保护与发展的模式和路径。将生态绿色与历史风貌的保护作为实现城市和乡村社区发展目标的工具。在文化遗址、历史建筑、工程、民俗、生态保护，旅游开发，社区治理，品牌营销等方面给出策略。在文化保护与挖掘，风貌景观维护与更新，“生态+”“旅游+”“产业+”建设方面给出可以遵循的模式和路径。

微观上：以发展古镇旅游作为工作的抓手。我们将江南古镇旅游定义为文化遗产旅游，从文旅融合的视角，依照遗产旅游的发展规律明确江南古镇的旅游发展方向。我们根据调研汇总的具体问题，对古镇的旅游产品进行了定位，制定了营销方略及与文化创意产业结合的路径。结合相关案例研究和样本分析，针对示范区内的古镇（主要是青西三镇示范点）提出落地机制。重点针对朱家角镇，提出如何进一步优化古镇总体功能定位、开发模式以及运营与管理方面的思路与策略。研究发现，目前古镇旅游的三个主要问题是：第一，承载力的问题。目前存留下来的具有完整历史形态与风貌的古镇较少，大部分为留存了部分街区和少量古建筑形态的街区和建筑空间，用于旅游观光和游客体验的核心区较小，游客的承载力十分有限，相关产品服务的延伸和配套设施的供给也因为承载力而受限。第二，古镇景区的同质化发展问题。大多数古镇在开发建设和文化内核的塑造上没有差异。从我们的调研结果看，游客对江南古镇的认知同质化，认为江南古镇就是小桥流水人家。在物质差别上，游客认为古镇中的旅游产品、项目设备、餐饮等品质偏低，商铺数量偏多且经营商品雷同、菜肴小吃相似。游客满意度调查显示，一半以上游客对古镇的旅游感知停留在一般的层次上。古镇正在成为很多市民周末放松的去处，逐渐丧失了游客对于旅游景区和休闲度假目的地的需求和能力。第三，古镇如何出“新”。这个新就是古镇如何与新经济、新产业衔接，新的消费需求、新的旅游方式对接等一系列问题。如何破解上述问题？就要从游客的感知系统去感受“江南古镇”这样一种生活方式——从感官和物质体验上回到了诗情画意的，静谧、精致、丰富的美好家园和心灵故乡。

## 四、本书的研究路径和方法

本书首先对近代江南传统经济与文化变迁、文化遗产保护与遗产旅游发展模式、城市更新、社会网络与感知系统等方面进行了研究。其次，研究了上位规划，通过关键词搜索对比了近年来相关领域的研究成果，汇总分析了大量国内外的实践案例，同时设计了一系列调研表格，访谈古镇管理方，做了游客感知体验评估。最后，聚焦五个重要环节和过程：

第一，对示范区内采用“7+X”模式的古镇制定价值评价体系，包括文化遗产价值、人居环境价值、产业价值等方面。

第二，提出重要问题，包括对江南文化范式的认知，示范区空间网络体系的构建与发展设想，示范区古镇保护机制、发展路径和模式的建立等。

第三，建立可操作、可实践、可推进的路径模式和模型。我们通过建立案例样本库的方式，形成一个政策、实践机制和技术标准的对照系统。

第四，提出发展思路，为下个阶段的工作，如各专项规划、设计和研发提供路径和案例参照。

第五，建立样板间。通过多方研判和共识，确定一个示范点，制定先行先试的策略。

# 第一章
# 研究背景

## 第一节　相关背景

2014 年 5 月，习近平同志在上海指出，发挥上海在长三角地区合作和交流中的龙头带动作用，既是上海自身发展的需要，也是中央赋予上海的一项重要使命。

2015 年 4 月 30 日，习近平同志在主持中共中央政治局集体学习时指出，加快推进城乡发展一体化，着力点是建立城乡融合的体制机制。

2016 年 1 月 5 日，习近平同志在推动长江经济带发展座谈会上强调，长江流域今天仍然是连接丝绸之路经济带和 21 世纪海上丝绸之路的重要纽带，是我国经济重心所在、活力所在。

2016 年 5 月 11 日，国务院常务会议通过《长江三角洲城市群发展规划》，提出：培育更高水平的经济增长极，要创造联动发展新模式，发挥上海中心城市作用，推进南京、杭州、合肥、苏锡常、宁波等都市圈同城化发展。构建以铁路、高速公路和长江黄金水道为主通道的综合交通体系，促进信息、能源、水利等基础设施互联互通。到 2030 年，全面建成具有全球影响力的世界级城市群。

2018 年 1 月 12 日，长江三角洲地区主要领导座谈会在苏州举行。会议要求深刻认识区域协调发展战略的新内涵新要求新任务，实现高质量发展，继续在创新引领、转型升级、绿色发展、改革开放等方面走在全国前列。

2018 年 1 月《上海市城市总体规划（2017—2035 年）》正式对外公布，上海的城市性质定为长江三角洲世界级城市群的核心城市，国际经济、金融、贸易、航运、科技创新中心和文化大都市。

2018 年 11 月 5 日，习近平总书记在首届中国国际进口博览会上宣布，支持长江三角洲区域一体化发展并上升为国家战略，着力落实新发展理念，构建现代化经济体系，推进更高起点的深化改革和更高层次的对外开放，同“一带一路”建设、京津冀协同发展、长江经济带发展、粤港澳大湾区建设相互配合，完善中国改革开放空间布局。

2019 年 10 月 26 日，国家发展和改革委员会印发了《长三角生态绿色一体化发展示范区总体方案》。一方面，要打造生态价值新高地，充分体现生态文明建设要求，建立严格的生态保护体系，加快推进“+生态”和“生态+”，将自然生态优势转化为经济社会发展优势。另一方面，要打造创新经济新高地，发展新一代信息技术、生命健康、高端服务、文旅休闲、绿色生态农业等主导产业，形成具有高显示度和核心竞争力的产业集群。

2019 年 12 月 1 日，中共中央、国务院印发了《长江三角洲区域一体化发展规划纲要》。

2020 年 4 月 9 日，国家正式公布《关于构建更加完善的要素市场化配置体制机制的意见》。

## 第二节　国家重要举措

### 一、美丽中国

“美丽中国”是中国共产党第十八次全国代表大会提出的概念，强调把生态文明建设放在突出地位，融入经济建设、政治建设、文化建设、社会建设各方面和全过程。2012 年 11 月 8 日，“美丽中国”在党的十八大报告中首次作为执政理念出现。2015 年 10 月召开的十八届五中全会上，“美丽中国”被纳入“十三五”规划，首次被纳入五年计划。2017 年 10 月 18 日，习近平同志在党的十九大报告中指出，加快生态文明体制改革，建设美丽中国。

## 二、"一带一路"

"一带一路"（The Belt and Road，B&R）是"丝绸之路经济带"和"21世纪海上丝绸之路"的简称。它将充分依靠中国与有关国家既有的双多边机制，借助既有的、行之有效的区域合作平台。"一带一路"旨在借用古代丝绸之路的历史符号，高举和平发展的旗帜，积极发展与沿线国家的经济合作伙伴关系，共同打造政治互信、经济融合、文化包容的利益共同体、命运共同体和责任共同体。

## 三、长江经济带

长江经济带是指沿江附近的经济圈。长江经济带覆盖上海、江苏、浙江等11个省（直辖市），面积约205万平方千米，人口和生产总值均超过全国的40%，横跨中国东中西三大区域，具有独特优势和巨大发展潜力。长江经济带战略作为中国新一轮改革开放转型实施新区域开放开发战略，致力于将长江经济带建设成具有全球影响力的内河经济带、东中西互动合作的协调发展带、沿海沿江沿边全面推进的对内对外开放带，也是生态文明建设的先行示范带。2016年9月，《长江经济带发展规划纲要》正式印发，确立了长江经济带"一轴、两翼、三极、多点"的发展新格局。2018年11月，中共中央、国务院明确要求充分发挥长江经济带横跨东中西三大板块的区位优势，以共抓大保护、不搞大开发为导向，以生态优先、绿色发展为引领，依托长江黄金水道，推动长江上中下游地区协调发展和沿江地区高质量发展。

## 四、长江三角洲区域一体化发展

2018年11月5日，习近平总书记在首届中国国际进口博览会上宣布，支持长江三角洲区域一体化发展并上升为国家战略。长江三角洲（以下简称长三角）是我国经济发展最活跃、开放程度最高、创新能力最强的区域，从此承载起非同寻常的国家使命。《2019年上海市政府工作报告》中明确推进长三角基础设施、科技创新、产业协同、生态环境、市场体系等合作项目建设，健全区域养老服务、医疗卫生、人力资源、社会保障等公共服务合作机制。

长江三角洲生态绿色一体化发展示范区引领长三角地区更高质量一体化发展。

（1）上海围绕国际经济、金融、贸易、航运和科技创新“五个中心”建设，形成有影响力的上海品牌；

（2）以上海为龙头带动，推动城乡融合发展；

（3）共建产业创新大平台，推动长三角知识产权保护；

（4）打造数字长三角，构建数字化产业、数字化贸易；

（5）发展高端服务经济，在旅游、养老等领域探索跨区域合作新模式；

（6）发展文化遗产的价值，打造江南文化特色品牌；

（7）以休闲度假为核心，共建世界知名旅游目的地。

### 五、长三角生态绿色一体化发展示范区

长三角生态绿色一体化发展示范区横跨沪苏浙，毗邻淀山湖，位于上海市青浦区、江苏省吴江区、浙江省嘉善县三地，面积接近 2300 平方千米。其中，青浦 676 平方千米、吴江 1092 平方千米、嘉善 506 平方千米。示范区先行启动区为 660 平方千米，行政区域包括金泽、朱家角、黎里、西塘和姚庄。示范区将打造生态友好型一体化发展样本：坚持把一体化发展融入创新、协调、绿色、开放、共享发展中，实现共建共治共享共赢，打破行政壁垒，聚焦一体化制度创新，建立有效的一体化发展新机制。

## 第三节　国际发展趋势

### 一、百年未有之大变局

习近平在 2018 年中央外事工作会议上发表讲话时指出，当前中国正处于近代以来最好的发展时期，世界处于百年未有之大变局，两者同步交织、相互激荡。习近平关于当今世界百年未有之大变局的论断内涵丰富，其核心是一个“变”字，本质是世界秩序重塑，全球治理机制完善，主要内容有以下几个方面：世界权力转移对象出现根本性变化，国际格局剧烈动荡，世界秩序出现坍

塌的危险，世界正经历大调整，大变局要素的比拼前所未有。

当今世界面临百年未有之大变局，全球治理体系和国际秩序变革加速推进，世界新一轮科技革命和产业变革同我国经济优化升级交汇融合，为长三角一体化发展提供了良好的外部环境。

### 二、人类命运共同体

2012 年 11 月中共十八大明确提出要倡导“人类命运共同体”意识。人类命运共同体旨在追求本国利益时兼顾他国合理关切，在谋求本国发展中促进各国共同发展。人类命运共同体这一全球价值观包含相互依存的国际权力观、共同利益观、可持续发展观和全球治理观。

当今世界面临着百年未有之大变局，政治多极化、经济全球化、文化多样化和社会信息化潮流不可逆转，各国间的联系和依存日益加深，但也面临诸多共同挑战。国际社会日益成为一个你中有我、我中有你的“命运共同体”，面对世界经济的复杂形势和全球性问题，任何国家都不可能独善其身。“命运共同体”是中国政府反复强调的关于人类社会的新理念。2011 年《中国的和平发展》白皮书提出，要以“命运共同体”的新视角，寻求人类共同利益和共同价值的新内涵。长三角生态绿色一体化，应注重以命运共同体意识来统筹经济、社会、文化和生态的可持续发展。

## 第四节　重要政策与视角

### 一、上海与长三角关系

上海肩负着面向世界、推动长三角地区一体化和长江经济带发展的重任，在全国经济建设和社会发展中具有十分重要的地位和作用。各种资源要素的全球性流动，必然打破国家的界限，上海将成为全球资源要素配置的场所，通过与国外城市的相互连接而进入全球网络，成为节点城市。上海发展平台经济，打造超级枢纽，从而便具有了全球性城市的轮廓。

## 二、江南与上海

从上海文化与江南文化的发展历史来说，有三个阶段：第一，江南大于上海的阶段。可以说，前现代的上海只是附属于江南的上海，江南文化构成了上海文化。江南的人才优势和资源优势，是上海的血脉。第二，上海独立于江南的阶段。进入近代，时局大变，上海快速崛起，取代江南传统的中心城市苏州和杭州，而成为江南的中心城市。第三，新江南的阶段。百年的过程，即是由杭嘉湖宁绍苏松常镇宁十府构成的“江南”，逐渐变成了“上海的江南”。新江南的阶段，即上海与江南文化版图的重新整合，一方面必然要求有代表江南文化走向的新中心城市的确立，另一方面江南的城市一体化进程，必然要求上海与江南发生更多、更密切的联系，这就是大江南文化圈的建立。而顺此逻辑，上海必然在重新梳理江南文化、牵动振起江南文化方面，比浙江与江苏具有更多的主体性，更多的“被听见的能力”。

## 三、文旅融合

从文化的视角看待旅游，重视旅游主体的文化特征，挖掘旅游客体的文化内涵，丰富旅游媒介的文化表达。从旅游的视角看待文化，在文化生产的过程中，重视对旅游市场的利用以及与旅游产业的融合，引导建设能够满足人民美好生活诉求的旅游文化。旅游通过参与文化内容、文化符号、文化媒介的生产，完成旅游地文化空间的生产。旅游参与文化生产，在不同的阶段发挥着不同的作用，最终可实现从文化利用到文化生产和文化保护传承的转变。

## 四、全域旅游

全域旅游是一种区域旅游发展理念，更是一种旅游发展价值追求。质量价值目标、治理价值目标和共享价值目标是我国全域旅游发展的价值追求，注重增强我国旅游业的可持续发展能力 。其本质特征主要体现于全局性、空间性、带动性、整合性和共享性五个方面。全域旅游目的地指的就是一个旅游相关要素配置完备、能够全面满足游客体验需求的综合性旅游目的地、开放式旅游目的地，是一个能够全面动员（资源）、立足全面创新（产品）、可以全面满足

（需求）的旅游目的地。从实践的角度，将城市（镇）作为全域旅游目的地的空间尺度最为适宜。

## 五、江南古镇与申报世界文化遗产

2015年江南13个水乡古镇（江苏的甪直、周庄、同里、千灯、锦溪、沙溪、黎里、震泽、凤凰；浙江的乌镇、南浔、西塘、新市）由苏州市作为牵头城市进行联合申遗。国家文物局会同两省三市13个古镇签署了《江南水乡古镇申报世界文化遗产工作方案》。2017年提交申报文本，力争“十三五”期间完成申遗目标。此次申遗既是文化发展战略，又是旅游发展战略，即将江南古镇整合为遗产廊道，以这一区域内的优势资源为核心对周边地区的旅游资源进行整合，从而形成具有鲜明特色的旅游区域。

## 六、遗产保护与城市更新

成功的城市更新特别注重城市遗产的价值，将城市作为不可再生的资源看待，即将环境资源、文化资源、社会资源、经济资源都看作是一定的保护对象，保护管理城市遗产，并“将尽可能多的意义传承给后人”。保护和利用遗产必须最终归于城市的功能与空间的组织之中，必须融入城市的发展之中。

## 七、上海打造四个“100+”

上海聚焦一年，着眼三年，围绕重点领域打造四个“100+”：

——集聚“100+”创新型企业。加快培育100家以上掌握核心技术、拥有自主知识产权、具有国际竞争力的高成长性创新企业，聚焦支持10家左右创新型头部企业和领军企业发展。

——推出“100+”应用场景。推出示范效应好、带动作用强、市场影响优的在线新经济应用场景，进一步集聚用户流量，带动新产业发展。

——打造“100+”品牌产品。打造美誉度高、创新性强的在线新经济品牌产品和服务，推动一批新产品先行先试，加快创新产品市场化和产业化，不断推陈出新、迭代升级。

——突破“100+”关键技术。创建一批研发与转化功能型平台，人工智能、5G、互联网、大数据、区块链等领域的技术创新成果不断涌现，产业核心竞争力显著增强。

# 第五节 相关前沿理论研究

## 一、相关空间理论研究

### （一）空间开发理论

1. 点轴理论

点轴理论模型是我国著名经济地理学家陆大道院士提出的经济发展理论，“点”指各级居民点和中心城市，“轴”指由交通、通信干线和能源、水源通道连接起来的“基础设施”（见图 1-1）。轴线形成后，可吸引人口、产业向轴线两侧集聚，并产生新的增长点。示范区通过交通轴线连接各村镇，促进人口、资源的集聚和产业分工，符合示范区互联互通、协调发展的目标。

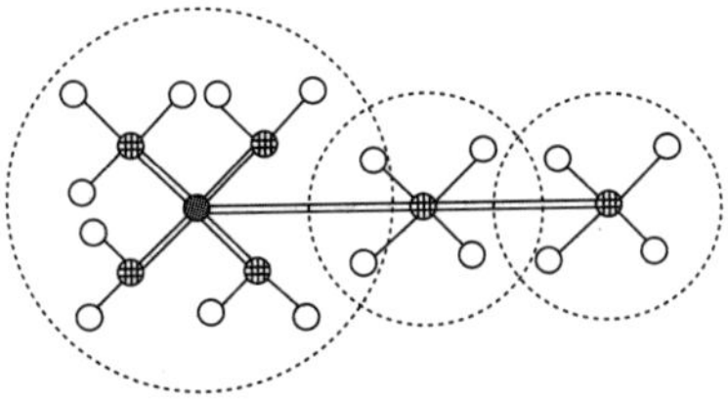


**图 1-1 点—轴系统空间结构示意图**

2. 核心边缘理论

核心边缘理论提出的一种关于城市空间相互作用和扩散的理论，其模型以核心和边缘为基本的结构要素（见图 1-2）。核心区是社会地域组织的一个次系统，能产生和吸引大量的革新；边缘区是另一个次系统，与核心区相互依存，其发展方向主要取决于核心区。核心区与边缘区共同组成一个完整的空间系统。古镇作为区域发展的核心，将成为文化传承、产业聚集和人群聚集的吸引点，推动区域发展创新。

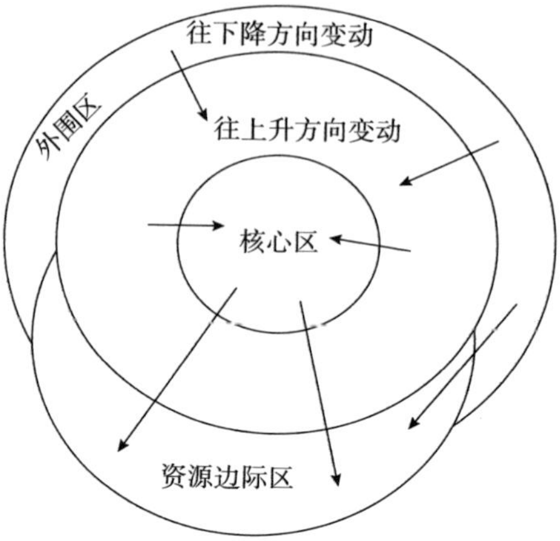


**图 1-2　核心边缘理论模型**

## （二）生活空间理论

1. 国内外相关研究进展

生活空间作为人类活动空间范畴中的一类，是与生活于其中的个体关系最为紧密的领域，最早对此进行研究的是不同于一般学问门类的哲学。20 世纪德国哲学家马丁·海德格尔用哲学术语描述和批判了人们在日常生活中的沉沦，试图将人们从理性化、程序化的生活中解放出来，回归生命存在的本真世界。20 世纪后期，西方史学界转而开始关注普通人的生活，出现了一批“日常生活史学家”，他们以居民生活中重复性较高的行为活动为研究重点。与此同时，文化学研究者也将目光投向社会生活中的民俗习惯和传统文化，学者们整体的研究内容开始向与普通人生活相关的文化宗法民俗等领域倾斜。在建筑与规划学科上，学者们对居民生活的关注则多局限于有形的活动发生场所。

20 世纪国际学界逐渐兴起对居民生活的研究，国内规划、建筑、人文地理等领域对生活空间的研究主要开始于 2000 年，但研究群体和成果十分有限，且聚焦于城市生活空间。

2. 关于场所精神

挪威城市建筑学家诺伯舒兹提出的建筑现象学指出，场所，即人的活动之处，除了既有的具体现象，还包括很多无形的现象，如感觉、认识等，这些内涵便是场所的精神。学者吴良镛认为：“按照中国人的习惯，可以称之为‘场所意境’。场所通过人为的参与设计将某种情感融入场所中，产生特定的氛围，从而让场所产生存在的意义。”

住区环境设计应体现场所精神，尊重居民的参与权，使居住者产生认同感与归属感，实现住区环境与所在区域的自然环境、社会文化、人的意识和价值取向的相互适应。

3. 生活空间的现代意义阐述

营造人的场所，创建新型的现代城市空间。人的价值观、审美观和哲学取向对环境设计具有重要影响。建筑的实质是空间，而空间的本质是为人服务，而人对自然有感情，有与自然融为一体的愿望，所以建筑要给人提供一个能够回归自然的空间和场所，所以建筑师的研究对象，不只是建筑本身，更重要的是人，是人所需要的生存空间、人所需要的回归场所。生活空间的现代意义主要体现在以下三个方面：

对自然的尊重和喜爱。人是自然界的产物，在长期的历史进化过程中与自然界形成了不可分割的关系。人们对树木、花草、流水、喷泉、瀑布有一种本能的、自然的爱好，这些东西是自然的一部分，也是人类不可缺少的一部分。

对人性的关注和追求。美国著名建筑师波特曼认为，城市建筑及其外部空间环境不仅要具有使用功能，更应该提供一种潜在的功能，即满足人们在与自然界长期相处中形成的特殊需要，打造人性化的城市空间环境。

对文脉的继承和延续。建筑的发展要以继承与延续特定的历史文脉为前提，这是城市历史文脉可持续发展的一个重要组成部分。

### （三）文化空间结构理论

1. 圈层结构理论

圈层结构理论最早由德国农业经济学家冯·杜能提出，其主要观点是，城市在区域经济发展中起主导作用，城市对区域经济的促进作用与空间距离成反比，区域经济的发展应以城市为中心，以圈层状的空间分布特点逐步向外发展。

依据圈层结构理论，我们可以更好地理解和把握“旅游圈层结构理论”的内涵。由此，我们可以得知：城市与周围旅游区有着紧密的关系，旅游活动从中心向外呈现出规律性的变化。城市和外部旅游区相互依存、互利互补，城市对外部旅游区具有辐射和吸引功能，辐射和吸引力与外部旅游区同城市的距离成正比。

2. 旅游圈层结构理论

一般而言，旅游圈层结构主要有三层：第一，内圈层，为旅游区域经济核心，是辐射源地；第二，中间圈层，是对外过渡的连接地带，是辐射的前缘；第三，外圈层，是旅游区域影响区。

3. “核心—过渡—辐射”圈层空间模式

胡晓苒在《“核心—过渡—辐射”的圈层空间模式在历史古村镇旅游开发中的应用》中阐述，“核心—过渡—辐射”圈层空间模式是指，按照“古遗址遗迹展示、文化演艺和历史场景再现为核心落地层，以文化体验为核心的旅游休闲项目的落地为过渡层，结合周边旅游资源，辐射拉动相关旅游产业项目的落地为辐射层”的模式所形成的历史文化古村镇（落）整体开发格局。因此，它是一种保护性的旅游开发，是基于综合产业落地的泛旅游开发，也是能够承载休闲度假功能的旅游区域开发（见图 1-3）。

**图 1-3 “核心—过渡—辐射”圈层空间模式**

古镇开发的圈层结构主要包括以下几部分：

（1）核心层：古镇文化展示核。

古镇开发的核心在于文化原真性的展示和传承，即对文化遗址遗迹、历史生活场景和历代传承下来的文化渊源进行展示和有机保护，这是历史文化古村镇旅游的核心竞争力，也是其永恒魅力所在。

（2）过渡层：古镇文化体验区。

对文化休闲、场景演艺、娱乐体验等旅游功能型项目进行集聚布局和重点开发，这是历史古村镇旅游开发的重头戏，是能够给古镇旅游经济带来活力的关键环节。

（3）辐射层：泛旅游产业辐射区。

泛旅游产业是指超出观光、休闲、度假等传统旅游概念的更加泛化的旅游产业概念，是为人们提供具备趣味性、艺术性、知识性、刺激性等特性的体验消费的一系列产业的总称，其内容包括会展、运动、康体、娱乐等，产业链扩展至餐饮、运输、酒店、商业、农业等。单一特性的消费已无法满足人们的消费需求，泛旅游产业间融合可产生较高的附加值和很强的溢出效应。

古镇开发的圈层结构具体如图 1-4 所示。

**图 1-4　古镇开发的圈层结构**

4. 文化核案例研究

成都远洋太古里位于成都春熙路地铁站，尽享优越交通和人流优势，比邻的千年古刹大慈寺更为其增添了独特的历史和文化韵味。其汇聚了一系列国际一线奢侈品牌、潮流服饰品牌、米其林星级餐厅以及国内外知名食府。

传承历史与文化，城市中心重现活力。一个优秀的空间既要沉淀城市的文化与历史，又要提供开阔的平台汇集当代思潮。成都远洋太古里保护及修缮历史建筑，融入更多文化创意以及对建筑保育的新理解，量身定制其未来的用途。

人与自然、文化与艺术交相辉映。兼顾国际视野与地域特色，成都远洋太古里邀请海内外多位艺术家量身定制 21 件匠心独运的艺术品，以人、自然、文化为主题。这些融合东西方思想的艺术品，或以植物的形态，或以自然的风光，或以生活的元素，将美妙瞬间凝固定格，在开阔的天空之下沉淀艺术之美，让生长于此的都市人感受一份朴质的真情，开启人与艺术、文化与城市空间的互动。

“快里”与“慢里”完美融合。在深刻理解成都城市及消费者生活习惯的基础上，太古里对其业态进行了合理组合，引入“快里”“慢里”概念。“快里”由三条购物街贯通东西两个聚集人潮的广场，众多国际品牌以独栋或复式店铺完整展示它们的旗舰形象。“慢里”以慢调生活为主题。值得把玩的生活趣味、大都会的休闲品位、林立的精致餐厅、历史文化及商业交融的独特氛围呈现出成都远洋太古里另一张动人面孔。

## 二、相关名词术语阐释

### （一）突出普遍价值标准

联合国教科文组织在评定世界遗产的突出普遍价值标准（Outstanding Universal Value，OUV），在界定文化遗产、自然遗产、混合遗产和文化景观等遗产类型的基础上明确了原真性（Authenticity）、整体性（Integrity）的评价指标，强调遗产在地球进化史及人类文明发展中的突出代表性及进化延续性。除此界定标准外，遗产影响评估（Heritage Impact Assessments）、经济稀缺性评估（Economic Uniqueness）也是对遗产的价值及其对环境的影响的评估实践。突出普遍价值标准的评估标准有十项：创造价值、交流价值、见证价值、典范价值、利用价值、关联价值、景观美的价值、地球科学价值、生态学价值、生物多样性价值。

### （二）生态斑块

景观的结构单元包括：斑块、廊道、基底。生态斑块是景观格局的基本组成单元，是指不同于周围背景的、相对均质的非线性区域。自然界各种等级系统都存在着时间和空间的斑块化。它反映了系统内部和系统间的相似性或相异性。不同大小、形状、边界性质以及距离的斑块构成了不同的生态带，形成了不同的生态系统，调节着生态过程。

### （三）历史性城市景观发展区

联合国教科文组织于2011年11月在《关于历史性城市景观的建议书》中

提出“历史性城市景观方法”（Historical Urban Landscape）。它不是将历史建筑、城市空间从社会、文化和经济背景中剥离出来，而是更强调整体性，即强调遗产的物质空间与影响其形成和支撑其演变的社会、文化、经济背景之间联系的必要性。基于这样的理念，设定“历史性城市景观发展区”就是将物质、社会、文化、经济过程在时空上集结。遗产管理的目标已从物质遗产保存转向对遗产经济社会价值的保护与利用，遗产的唯一性及稀缺性被作为资产纳入城市发展框架。

### （四）文化遗产价值发展区

文化遗产价值是彰显城市文化内涵及城市地方性的本质要素。划定文化遗产价值发展区，就是要用更综合的手段保护文化遗产价值和城市的记忆，让居民或游客产生更强烈的情感依恋，进而影响到人们对这个城市的态度和印象。文化遗产价值发展区的划定基于当地的地点性差异，揭示了城市的历史脉络和风貌特征，彰显了城市对文化遗产的保护。城市可通过历史文化展示和活化的方法，结合不同社区的生活行为和空间，再现空间的历史文化符号和景观要素，利用博物馆、文化场所、遗址公园、文化旅游产业园、文化创意园等空间载体，形塑城市记忆。

### （五）深绿型旅居社区

以可持续发展为目标，利用生态科技，以节能减耗和100%利用可再生能源为设计主旨。以人本化、生态化、数字化为价值导向，以和睦共治、绿色集约、智慧共享为基本内涵，以新的理念、新的产业模式，构建新的生活方式。以康养、旅居的需求，构建邻里、教育、健康、创业、建筑、交通、低碳、服务和治理九大场景，打造具有归属感、舒适感和可感知的新型城市功能单元。

不同于“浅绿”对旧式工业文明方式的调整和补充，“深绿”要求从发展机制上寻求途径以杜绝环境问题的发生。“深绿经济”还要求在传统经济学强调的三种基本要素——人力资本、自然资本和制造资本的基础上加入社会组织资本。社会组织资本指的是从地方社区、商业团体乃至国家的法律、政治组织到国际的环保条约等。社会组织不单纯是个人的总和，它还包括习惯、规范、情操、传统、程序、记忆和文化，以及由此培养出的效率、活力、动机和创造力。

### （六）江南文化社区

“江南文化社区”并非法定条例中的“历史文化街区”或建筑学、城市规划学学科领域的“历史城区”“历史中心”“历史地段”等。

在城市更新的语境下，人居型江南文化社区相较其他被文物式保护的遗产有更为综合的价值，包括具有传统特征的建筑、特色的空间组织肌理、历史延承性的居住生活形态及民俗文化、地方精神。

# 第二章
# 我国历史文化名镇及江南水乡古镇发展

## 第一节　相关概念

### 一、江南

江南既是一个自然地理区域，又是一个社会政治区域，还是具有深厚历史渊源的文化概念。按照地理上的完整性、地区内部经济联系的紧密性和经济水平的接近度，江南所指的应是明、清时期的苏、松、常、镇、宁、杭、嘉、湖和由苏州府析出的太仓州——八府一州，它们在内部生态条件上具有统一性，同属于太湖流域，经济联系紧密，且外围的天然屏障与邻近地区形成了明显的分隔。如果结合近代江南经济、社会、行政区划和人文地理的变迁，则不难看到如下的事实：第一，清朝和民国时期江南经济地理的中心已从太湖东侧大运河沿线渐次转移和扩大至沿海平原一带，中心都会从原初的运河中心城市苏州更易为江海口岸的上海，转移的时间为 50 余年，即 19 世纪 50 年代至 20 世纪初，空间上往东“平移”了 100 余里。上海自开埠后，凭借着金融之都、商贸之市、水陆之汇、工业之城和人文之地的独特条件迅速崛起，原先的苏南、浙北和浙西等地渐为其辐射区域和腹地。第二，随着江南中心版图的变化，南部浙东宁绍地区逐渐获得了发展的契机，其努力融入江南核心的步伐在不断加快，成为较为发达的区域。如此等等，“江南”的划分便出现了变数和变量。如果以江南市镇的空间结构形态和建筑环境为讨论和阐释对象，此处划定的“七府”范围，无论是历史史实，还是遗存情形，都是江南市镇最集中、最具代表性和保存最完好的区域所在。按照自然条件的相似性、地理环境的相对完整性和历史文化的区域性，江南具体范围如下：西迄今江苏省常州市；北至无锡市；南、东向至绍兴市，包括上海市域，江苏省常州市域、无锡市域、苏州市域，浙江省湖州市域、嘉兴市域、杭州市北部和东部及绍兴市北部。

## 二、古镇

古镇不同于城市也不同于乡村，属于城市与乡村之间的一种人类聚居地和经济网络空间。就古镇和乡村来说，两者的共同点都是根植于广大的农村地域，依托地方文化与特色资源，更加贴近自然，靠近田园，充满了在城市体会不到的乡土氛围，是人类追求本源回归的情结归宿，具有很强的民间性，是老百姓生活形态或状态的传承之地，展现了文化和传统的本真。古镇和乡村的不同点是：古镇是乡村或一些村落的中心，经济、交通枢纽和政治性较强，并容纳多样化的文化，规模比乡村大，但是乡土气息不及乡村浓。古镇是乡村发展和进化了的高级形态，是一种以非农业人口和非农业生产活动为主体的社区。古镇与城市的联系是：古镇与城市接壤，是城市的边缘。古镇与城市的区别是：城市是人类文明的集聚地，人工化痕迹比古镇强，规模比较大。古镇具有五性：民间性（民俗性）、传统性、地方性、历史传承性和乡土性。

## 三、江南古镇

江南古镇，即明清方志中的江南市镇，在明清方志中，“市镇”与“镇市”已成为江南地区一般商业聚落的通称。把江南古镇界定为江南地区历史文化名镇，有助于相关学术研究与国家法律政策的规定及现实运作尺度相统一。参照《中国历史文化名镇（村）评选办法》《历史文化名城名镇名村保护条例》，江南古镇就是指江南地区建筑风貌和空间形态基本完整，历史建筑集中成片，保留着传统格局和历史风貌，具有文化特色、民族特色，历史上曾经作为政治、经济、文化、交通中心或者军事要地，或者发生过重要历史事件，或者其传统产业历史上建设的重大工程，对本地区的发展产生过重要影响的市镇。

江南古镇是商品经济的产物，镇的生活围绕着“市”，因而古镇的建筑类型也颇具商业特性：庙、寺等宗教场所前的广场往往作为举行庙会的场所；贸易市场吸引了各地商人来此开设各种会馆；镇里出现了为“市”服务的娱乐、社交场所——戏台、茶馆等。此外，以四乡农副业为依托，镇中与之配套的家庭手工业和加工业十分发达，镇上居民大多是商人、作坊主和手工业者，前店后坊（宅）、上宅下店成为江南古镇很突出的一种建筑形制，商业街区由密集的店铺形成，经济繁荣。江南具有河网型地理环境，河道作为主要的交通纽带加强了镇与城市、乡村以及镇内部的联系，从而构成了“因水成市、因水成街”的亲水性居住环境特色。

按照刘森林教授的调查，截至目前，尚有49座江南市镇（街区）在不同程度上葆有历史文化风貌，留存有较为完整的历史建筑和街区，具体如下：

（1）上海市：朱家角、新场、南翔、枫泾、练塘、金泽、嘉定、高桥、张堰镇。

（2）江苏省苏州市：周庄、甪直、同里、木渎、东山、震泽、黎里、金庭、山塘街、枫桥、浒墅关、沙溪、浏河、锦溪、芦墟、光福、沙家浜（唐市）、千灯、凤凰镇；无锡市：甘露、南泉、惠山、荡口、长泾镇。

（3）浙江省嘉兴市：乌镇、西塘、盐官、长安、崇福镇；湖州市：南浔、新市、双林、埭溪镇；杭州市：塘栖、衙前镇；绍兴市：安昌、斗门、柯桥、东浦镇。

这49座江南市镇（街区）的地理分布具体如图2-1所示。

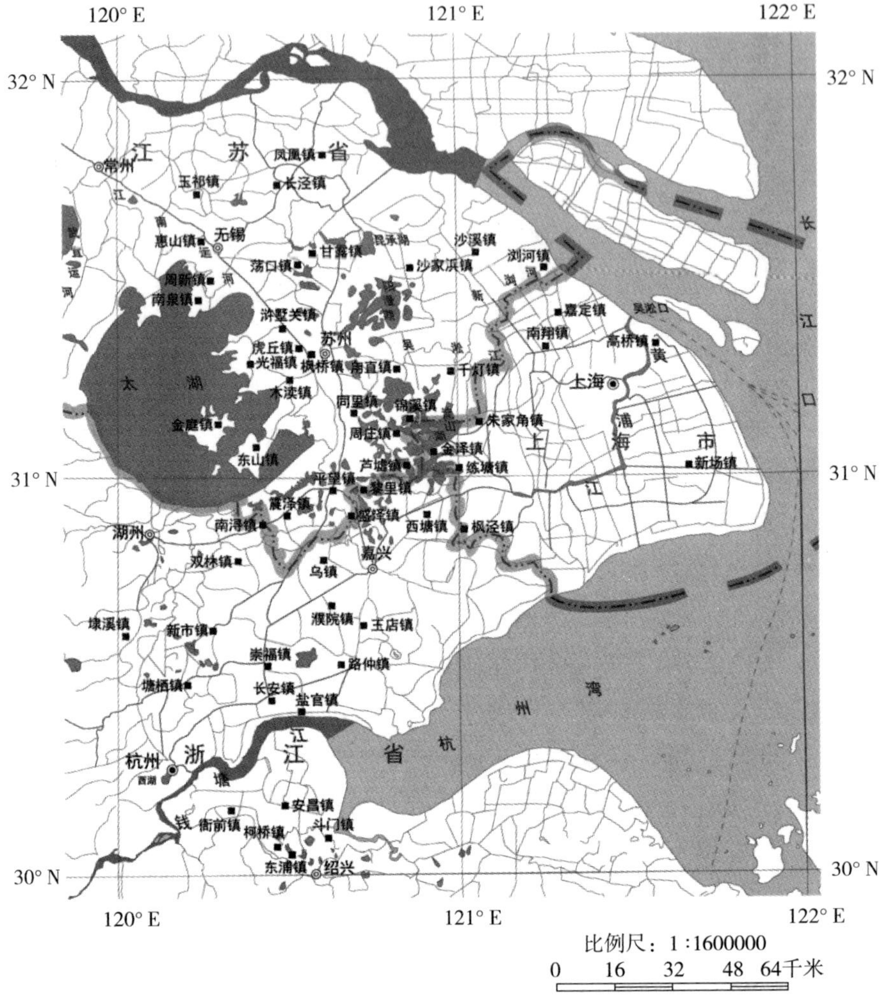


**图 2-1 现存空间结构和历史风貌完好或较好的江南市镇地理分布示意图**

# 第二节 历史文化名镇

## 一、历史文化名镇类型

随着我国遗产保护工作的不断推进，历史文化村镇也被纳入遗产保护范围。

2002 年《中华人民共和国文物保护法》颁布，第一次明确提出了“历史文化村镇”这个概念，以法律形式确认了历史文化村镇在我国遗产保护体系中的主要地位。

2003 年 10 月 8 日中华人民共和国建设部与国家文物局公布了中国第一批“中国历史文化名镇（村）”，并制定了《中国历史文化名镇（村）评选办法》，明确在历史价值与风貌特色等方面，历史文化名镇（村）应当具备下列条件之一：①在一定历史时期内对推动全国或某一地区的社会经济发展起过重要作用，具有全国或地区范围的影响；②系当地水陆交通中心，成为闻名遐迩的客流、货流、物流集散地；③在一定历史时期内建设过重大工程，并对保障当地人民生命财产安全、保护和改善生态环境有过显著效益且延续至今；④在革命历史上发生过重大事件，或曾为革命政权机关驻地而闻名于世；⑤历史上发生过抗击外来侵略和经历过改变战局的重大战役，以及曾为著名战役军事指挥机关驻地；⑥能体现我国传统的选址和规划布局经典理论，或反映经典营造法式和精湛的建筑技艺；⑦能集中反映某一地区的特色和风情、民俗特色、传统建造技术。

历史文化名镇（村）的价值特色表现在文化、经贸、政治、军事、交通、生态环保、建筑遗产、民族特色等诸方面：

文化型。在一定历史时期内以文化教育著称，对推动当时全国或某一地区的社会发展起过重要作用。镇（村）内拥有诸如名人故居、书院、寺庙、祠堂、会馆、戏台等公建或发生过重大历史事件的场所，具有全国或地区范围影响且有史料记载为社会公认者。

经贸型。在一定历史时期内拥有较大规模生产商贸活动，商贾云集，市场繁荣，拥有过名牌精品美誉，经济效益显著，且对当时全国或地区范围的经济发展有积极促进作用者。

交通枢纽型。在一定历史时期内系当地水陆交通中心，拥有驿站码头及其他交通设施，成为客流、货流、物流集散地而闻名遐迩，且以此带动区域性经济、社会、文化发展者。

生态环保型。历史上曾有过重大生态环保建设（如水利工程、防灾和环境保护工程等），对保障当地人民生命财产安全、保护和改善生态环境有过显著效益且延续至今者。

革命历史型。在革命历史上发生过重大政治事件，诸如召开过改变政权或政局性的重要会议，曾为革命政权机关驻地而闻名于世者。

军事型。系历史上抗击外来侵略或经历过改变战局重大战役的军事要地、起义始发场所，以及曾为著名战役军事指挥机关驻地者。

建筑遗产型。典型运用我国传统的选址和规划布局理论并已形成一定规模格局，或建筑包含经典历史营造法式和精湛建造技艺以及拥有民族传统建筑小品或建筑环境装饰要素者。

民族特色型。能集中反映某一地区民族特色和风情的传统建筑者。

2008 年 7 月 1 日起施行的《历史文化名城名镇名村保护条例》规定具备下列条件的城市、镇、村庄，可以申报历史文化名城、名镇、名村：一是保存的文物特别丰富；二是历史建筑集中成片；三是保留着传统格局和历史风貌；四是历史上曾经作为政治、经济、文化、交通中心或者军事要地，或者发生过重要历史事件，或者其传统产业、历史上建设的重大工程对本地区的发展产生过重要影响，或者能够集中反映本地区建筑的文化特色、民族特色（见表 2-1）。

**表 2-1　六个批次获得全国历史文化名城称号的古镇（江南地区）**

| 批次 | 国家历史文化名镇（江南地区）名录 | 国家历史文化名镇数量（个） | 国家历史文化名镇（江南地区）数量（个） | 占比（%） |
|---|---|---|---|---|
| 第一批 | 周庄、同里、角直、西塘、乌镇 | 10 | 5 | 50.0 |
| 第二批 | 沙溪、木渎、枫泾、南浔、安昌 | 34 | 5 | 14.7 |
| 第三批 | 千灯、朱家角、东浦 | 41 | 3 | 7.3 |
| 第四批 | 锦溪、沙家浜、新场、嘉定、新市 | 58 | 5 | 8.6 |
| 第五批 | 荡口、东山、凤凰、长泾、练塘、高桥、南翔、张堰、盐官 | 38 | 9 | 23.7 |
| 第六批 | 金泽、黎里、川沙新、震泽、孟河 | 71 | 5 | 7.0 |
| 小计 | | 252 | 32 | 12.7 |

## 二、历史文化街区

历史文化街区是指经省（自治区、直辖市）人民政府核定公布的应予重点保护的历史地段。《中华人民共和国文物保护法》对历史文化街区的界定是：

法定保护的区域，学术上叫“历史地段”。历史文化街区重在保护街区的整体风貌。不但要保护构成历史文化街区风貌的文物古迹、历史建筑，还要保存构成整体风貌的所有要素，如道路、街巷、院墙、小桥、溪流、驳岸乃至古树等。历史文化街区是一个成片的地区，有大量居民在其间生活，是活态的文化遗产，有其特有的社区文化，不能只保护那些历史建筑的外观，还应该保护它承载的文化，保护非物质形态的内容。这就要维护社区传统，改善生活环境，促进地区经济活力。

## 三、江南水乡古镇的属性与价值

文化与遗产是江南古镇的核心要素。保护江南水乡古镇的核心工作是保护古镇历史遗存的真实性、古镇风貌的完整性、居民生活的延续性。

江南古镇主要属于历史文化名镇（包括历史文化街区与历史文化名街）。历史文化名镇的价值，主要通过历史建筑群及其相关环境构成的实体、非物质文化遗产以及一系列文化符号来彰显。

江南古镇的遗产价值更多地表现为文化意义，遗产能否成为保护对象，取决于其是否具有以下四种意义，即高文化的意义、群体识别性的意义、思想性的意义及情感的意义。江南古镇的遗产既包括物质文化遗产，也包括非物质文化遗产（以下简称非遗）。

## 四、江南水乡古镇概况

江南古镇独特地表达了中国唐宋明清时代的商业文化、生活方式、价值观念与信仰，具有内在的美学价值、古董特征，以及稀缺性。在历史变迁和经济社会发展进程中，江南古镇的建筑风貌和空间形态也持续变化。有些古镇在发展中遭到破坏，有些通过修复又获得了评选名镇的资格。根据建筑风貌和空间形态保存的实际情形，可将江南古镇划分为三大类型：完整型、基本完整型、局部完整型。以下简要介绍部分江南水乡古镇的概况及江南主要水乡古镇的相关情况（见表2-2、表2-3）。

**表 2-2　江南六大水乡古镇形成过程比较**

| | |
|---|---|
| 周庄 | 公元 1086 年，在此经农设庄的周迪功郎捐田舍宅，于白蚬江畔建全福寺，始有周庄之名，沿用至今。13 世纪以来，由于周庄四乡是生产水稻、棉花和渔业的重要地区，所以周庄成为江南水乡重要的粮食、棉布、手工艺品的集散之地。富商巨贾纷至定居，以水建镇，以水成市，形成南北市河两岸以富安桥为中心的集镇。16 世纪中叶，居民稠密，中市街西首渐成市肆，商业中心移至中市街，形成现在镇区的格局，成为苏州郊外一重要集镇 |
| 同里 | 9 世纪已经有居民聚集成市。10 世纪中叶正式建镇，镇名同里沿用至今。10~13 世纪同里古镇快速发展，商业兴盛，冠绝一时。14 世纪，同里“地方五里居民千余家”。16 世纪同里成为发达的米市和油坊集中地，古镇街上店铺相连，有 600 多家商店，百舸争舶，市河为塞。9~20 世纪，同里一直是苏州近郊的大镇，形成现在的镇区格局 |
| 角直 | 新石器时代，角直境内就有先民聚居。公元前 500 多年前，吴王阖闾在今镇西南合塘建离宫，在今镇东建别馆吴宫，至今遗下阖闾浦、吴宫乡等地名。此后，吴王夫差在甫里塘北建筑梧桐园。角直已初具集镇雏形。梁天监年间（502~519 年）保圣寺、白莲寺的创建，使其逐渐形成一里见方的市镇，人称“甫里”。9 世纪中叶诗人陆龟蒙隐居于此使甫里远近闻名。宋元时期角直已初步形成现在的格局。明代正式设镇商贾茂盛，居民近万户，是繁盛的水乡镇市。清代（17 世纪）改称角直，属元和县。以后一直是苏州郊区的重要城镇 |
| 南浔 | 镇域西南境内为公元前 2000 余年奴隶主洪氏土城及楚大夫伍奢的居地。地属句吴扬州。公元前 497 年隶属吴国。公元 907 年镇区始为湖州境东之门户。1127 年，宋室南渡，北方官僚、富商等纷纷南迁，南浔蚕桑业开始发展，镇南南林村、镇北浔溪村已成农贸市集。1252 年，南林和浔溪两村合并建镇，始有南浔之名。16 世纪，镇区有进士、举人等 30 人，大兴土木，建府第和园林。随着辑里丝著称于世，形成以通津桥为中心的十字形繁华集镇。17 世纪镇廓逐渐扩大，自东向西 1.5 千米，运河至南 2.5 千米，烟火万家，成为江浙雄镇。19 世纪，辑里细丝经上海出口，南浔成了全国最大的生丝集散地，各行各业兴旺，富商建住宅、筑园林，成为中外驰名的富镇 |
| 乌镇 | 春秋（公元前 770~前 476 年）时为吴疆越界，吴在此戍兵备越，名乌戍。唐咸通年间有乌青镇之称并且沿用至今。乌镇境内市河纵贯南北，京杭大运河绕镇而过。乌镇的先民凭借发达的水系，以水建屋、以水为市，得益于优裕的自然条件，农桑商工各业兴旺发达，历代文人辈出。至唐咸通年间已经成为一方重镇，历经宋、明、清后，乌镇的经济地位不断提升，成为浙北水乡日常物品交换和社交的场所，财赋所出甲于一郡，为“百货骈集，市井数赢于万户”的江南重镇 |
| 西塘 | 公元前 500 年左右，伍子胥佐吴兴水利，通盐运，疏河经西塘，故西塘又称胥塘。唐开元年间(8 世纪初)，村人在文水漾中建马鸣庵。宋时（12 世纪），大姓唐氏建别墅院宅多幢，聚成村里。咸淳元年（1256 年），唐介福捐宅为观。唐氏子孙环祥符荡散居，淳祐年间（13 世纪中叶）称帮受里。元初市河之西属迁善乡斜塘里。因市集在西，以市得名，元末统称斜塘。明宣德五年（1430 年），嘉兴分出嘉善时，曾拟设县城于斜塘。明正德（1506~1521 年）中称西塘镇。明嘉靖三十五年（1556 年），倭寇入侵，西顾滩一带市集被毁，后渐东称。清乾隆年间（1733 年），在西塘王家角设县丞署。同治八年（1869 年）重建县丞署于大结圩四方汇。清代后，形成现在的镇区格局 |

表 2-3 江南二十二大水乡古镇

| 镇名 | 等级 | 国家 A 级景区 | 行政区划 | 镇名 | 等级 | 国家 A 级景区 | 行政区划 |
|---|---|---|---|---|---|---|---|
| 周庄 | 国家级 | AAAAA | 江苏・昆山 | 新场 | 国家级 | — | 上海市 |
| 同里 | 国家级 | AAAA | 江苏・吴江 | 朱家角 | 国家级 | AAAA | 上海市 |
| 木渎 | 国家级 | AAAA | 江苏・苏州 | 枫泾 | 国家级 | AAAA | 上海市 |
| 南浔 | 国家级 | AAAAA | 浙江・湖州 | 嘉定 | 国家级 | AAAA（州桥） | 上海市 |
| 乌镇 | 国家级 | AAAAA | 浙江・桐乡 | 七宝 | 国家级 | — | 上海市 |
| 角直 | 国家级 | AAAA | 江苏・苏州 | 柯桥 | 国家级 | AAA | 浙江・绍兴 |
| 千灯 | 国家级 | AAAA | 江苏・昆山 | 新市 | 国家级 | — | 浙江・湖州 |
| 锦溪 | 国家级 | AAAA | 江苏・昆山 | 西塘 | 国家级 | AAAAA | 浙江・嘉兴 |
| 黎里 | 国家级 | AAAA | 江苏・吴江 | 溱潼 | 国家级 | AAAA | 江苏・姜堰 |
| 淳溪 | 国家级 | AAA | 江苏・南京 | 光福 | 国家级 | AAA | 江苏・吴中区 |
| 安昌 | 国家级 | AAA | 浙江・绍兴 | 沙溪 | 国家级 | — | 江苏・太仓 |

### （一）周庄：中国第一水乡

周庄始建于 1086 年（北宋元祐元年），因邑人周迪功先生捐地修全福寺而得名。春秋时为吴王少子摇的封地，名为贞丰里。周庄位于苏州昆山市，是江南六大古镇之一，是典型的江南水乡风貌，有独特的人文景观，是中国水乡文化和吴地汉文化的瑰宝。

### （二）西塘：活着的千年古镇

位于浙江省嘉兴市嘉善县，江浙沪三省交界处。古名斜塘、平川，是古代吴越文化的发祥地之一，在春秋战国时期是吴越两国的交壤之境，故有“吴根越角”和“越角人家”之称。全镇总面积 83.61 平方千米，其中古镇区面积 1.04 平方千米。西塘已被列入《中国世界文化遗产预备名单》。

### （三）同里：醇正水乡，旧时江南

为江南六大古镇之一，古称“富土”，唐初为“铜里”，宋时改为“同里”，是中国水乡文化古镇。位于苏州市吴江区，距上海 80 千米。面积 0.33 平方千米，五湖环抱，四十九座桥连接七个河流切分的岛。古镇镇内家家临水、户户通舟，宋元明清桥保存完好。1982 年成为江苏省最早也是唯一将全镇作为文物保护单位的古镇。1995 年被列为江苏省首批历史文化名镇。1998 年水乡古镇和退思园被列入世界文化遗产预备清单。

### （四）乌镇：中国最后的枕水人家

地处浙江省桐乡市北端，西临湖州市，北界江苏苏州市吴江区，为两省三市交界之处。乌镇原以市河为界，分为乌青两镇，河西为乌镇，属湖州府乌程县；河东为青镇，属嘉兴府桐乡县。乌镇曾名乌墩和青墩，具有 6000 余年悠久历史，是全国二十个黄金周预报景点及江南六大古镇之一。乌镇作为中国首批十大历史文化名镇和中国十大魅力名镇、全国环境优美乡镇，素有“中国最后的枕水人家”之誉。2003 年，乌镇被联合国授予亚太地区遗产保护杰出成就奖；2006 年，被列入联合国世界文化遗产保护预备清单和《中国世界文化遗产预备名单》重设目录；2010 年，乌镇旅游荣膺嘉兴市首个国家 AAAAA 级旅游景区称号。2014 年 11 月 19 日开始，乌镇成为世界互联网大会永久会址。

### （五）角直：中国古桥博物馆

位于苏州市东部，西距苏州城区 18 千米，东距上海 58 千米。角直是具有 2500 年历史的江南水乡古镇，水多、桥多、巷多、古宅多、名人多，先后于 2001 年被评定为国家 AAAA 级旅游风景区，2003 年被命名为中国历史文化名镇，2004 年被命名为全国环境优美镇，2008 年被命名为中国民间文化艺术之乡，2011 年被命名为中国特色景观旅游名镇，2012 年被列入《中国世界文化遗产预备名单》。

### （六）南浔：江南诗书之乡

位于湖州市南浔区，地处江浙两省交界处。明清时期为江南蚕丝名镇，是一个人文资源充足、中西建筑合璧的江南古镇。古镇景区占地面积 34.27 平方千米，古镇保护范围东界至宜园遗址东侧起，西界至永安街起，南界自嘉业堂藏书楼及小莲庄起，北界至百间楼，保护面积约 1.68 平方千米，其中重点保护区面积 0.88 平方千米。

南浔古镇素有“文化之邦”和“诗书之乡”之称，出现过许多著名人物，如民国奇人张静江，“西泠印社”发起人之一张石铭，著名诗人、散文家徐迟等。2005年南浔古镇获评第二批中国历史文化名镇，2015年获得国家AAAAA级旅游景区荣誉称号，成为湖州市首个国家AAAAA级旅游景区。

### （七）木渎：汉族传统手工艺品之乡

位于江苏省东南部，苏州古城西部，地处太湖流域，是江南著名的风景名胜区，素有“吴中第一镇”“秀绝冠江南”之誉。木渎古镇别名渎川、胥江，雅称香溪，是与苏州城同龄的汉族水乡文化古镇，已有2500多年历史。2008年8月，评为国家AAAA级景区，也是太湖风景区13个景区之一。

木渎是汉族传统手工艺品之乡。历史上有泥塑名家袁遇昌、银器高手朱碧山、琢玉名家陆子冈、绣圣沈寿等名家高手，他们的作品都是国家级收藏的珍品。严家花园、虹饮山房、古松园、灵岩山、天平山等著名文物景点位于此地。

### （八）朱家角：江南明珠，上海威尼斯

位于上海市西部、青浦区中南部，紧靠淀山湖风景区。东临西大盈与环城分界，西濒淀山湖与大观园风景区隔湖相望，南与沈巷镇为邻（2001年与之合并），北与江苏省昆山市淀山湖镇接壤。朱家角以它得天独厚的自然环境及便捷的水路交通，商贾云集，往来不绝，曾以标布业著称江南，号称“衣被天下”，成为江南巨镇。古镇人文景观尤为丰富，包括一桥、一街、一寺、一庙、一厅、一馆、二园、三湾、二十六弄。

2007年被评为第三批“中国历史文化名镇（村）”，2016年10月14日上海市青浦区朱家角镇被住房和城乡建设部评为第一批中国特色小镇，2018年5月24日朱家角镇入选最美特色小城镇50强。

### （九）黎里：江南水乡明珠

位于吴江市东南部，东临上海，北通苏州，南与浙江嘉兴相邻，面积1.215平方千米，古镇保护范围0.46平方千米，明清民国建筑9.7万平方米。

黎里曾名黎川、梨花里，又名禊湖，历史上是典型的江南商业重镇，自南宋至今已有891年历史（至2018年）。黎里在唐朝成村，北宋时形成东西两个相当规模的村落，公元1127年赵宋南渡，黎里人口激增，升格成为集市，明成化、弘治年间，成为吴江巨镇。2012~2014年，黎里镇分别被评为“全国历史文化名镇”“中国十佳村镇慢游地”“江南水乡古镇”。

### （十）光福：江南苏绣之乡

位于苏州城西 28 千米的太湖之滨。东与藏书镇接壤，南同胥口镇毗连，西滨太湖，北接东渚。光福有 2500 多年的历史，为太湖风景名胜区 13 个景区之一，是江苏省历史文化古镇、全国环境优美乡镇，也是苏绣的发源地之一。

2019 年 1 月，入选第七批中国历史文化名镇。2019 年 12 月，入选第三批智慧健康养老示范街道（乡镇）名单。

### （十一）安昌：绍兴师爷的故乡

位于绍兴市柯桥区境内西北端，与杭州市萧山区相接，南靠柯桥城区，北邻杭甬高速公路。始建于北宋时期，后因战乱，多次焚毁，又于明清时期重建，其建筑风格传承了典型的江南水乡特色，一衣带水，古朴典雅，其特产安昌腊肠、扯白糖远近闻名，具有水乡风情的水上婚礼也是别具特色。其是绍兴师爷的故乡，最有特色的是小桥。

安昌古镇是绍兴有名的四大古镇之一，是浙江省第一批公布的历史文化名镇。

### （十二）千灯：中国昆曲之乡

位于昆山东南 13.5 千米处，东接上海青浦区，距上海虹桥机场 30 千米；西邻苏州，离苏州市中心 35 千米。千灯有 2500 年历史，是先贤顾炎武的故乡、昆曲的发源地、AAAA 级旅游景区、中国曲艺之乡、国家卫生镇、国家园林城镇。千灯也是昆山南部产业重镇，集聚了电子新材料、高端汽车组件、品牌民生用品、商贸物流等主导产业，建成了国家农业示范区、中西国际科技合作基地、国家火炬计划昆山电路板特色产业基地等载体。

千灯镇 2004 年被评为“首批中国农业旅游示范点”；2007 年获“全国历史文化名镇”殊荣；2018 年 10 月 8 日入选 2018 年度全国综合实力千强镇；2019 年 10 月被评为 2019 年度全国综合实力千强镇。

### （十三）锦溪：中国民间博物馆之乡

位于江苏省昆山市，东临淀山湖，西依澄湖，南与上海市青浦区金泽镇接壤，北与苏州市吴中区角直镇和昆山市张浦镇毗邻，属于江苏省的“南大门”，素有“中国民间博物馆之乡”的美誉。截至 2013 年，该镇仍保留着张省美术馆、中国古砖瓦博物馆、马若特泥禅坊、中国锦溪宣卷艺术馆、古董馆、金石人家、柿园、中原文化艺术收藏馆、中国宜兴紫砂博物馆、锦溪杰出人物馆、近现代民间壶具馆11家民间博物馆，曾获中国历史文化名镇、中国民间文化艺术之乡、全国环境优美乡镇、全国特色景观旅游名镇、国家AAAA级旅游风景区等荣誉称号。

### （十四）枫泾：新沪上八景之一

位于金山区西北部，东与朱泾镇、松江区新浜镇和泖港镇接壤，西与浙江省嘉善县魏塘、姚庄镇相连，南与浙江省平湖市新埭镇为邻，北与青浦区练塘镇毗邻。镇域面积91.66平方千米。作为中国历史文化名镇、国家AAAA级景区、“新沪上八景”之一，有朱学范故居、程十发祖居、丁聪漫画馆、人民公社旧址、三百园、枫泾三桥、枫溪长廊、丁蹄作坊、火政会、金圃宅第、百年桂花园、中国农民画村、金枫酒事馆等古今人文景观30多处。

### （十五）新场：浦东十八铺，新场第一镇

位于浦东新区南部，东连宣桥镇，南与奉贤区奉城镇接壤，西邻航头镇，北傍周浦镇，地处黄浦江东岸。新场曾先后称为：“石笋滩”“石笋里”“新场”，又名“南下砂”。新场以盐繁荣，以盐建镇，“浦东十八铺，新场第一镇”。新场盐业的兴盛、商贾的云集、市井的繁荣，吸引了大批志士仁人，在新场留下深厚的历史文化遗产、非物质文化遗产如“笋山十景”“十三牌楼九环龙”“马鞍水桥石驳岸”。新场至今保存有大小不一的一百多户明清古宅院。

新场古镇为“中国历史文化名镇”之一，被授予中国“全国环境优美乡镇”称号，连续两届获“国家卫生镇”殊荣。2018年5月24日，新场镇入选最美特色小城镇50强。2018年重新确认国家卫生县城（乡镇）。

### （十六）新市：中国古代丝绸商贸重镇

位于杭嘉湖平原的湖州市德清县东部，东去30千米，便是乌镇和西塘，往北30千米，有南浔与周庄、同里。相比这些江南古镇，新市古镇浓郁的民俗文化和商贸文化别具一格。

新市始建于公元308年，因此新市的商贸文化从时间上可上溯至两晋，在地域上能辐射到日本、南洋，尤其是丝绸贸易，是中国古代丝绸之路的发源地之一。新市同样人文荟萃，南宋有状元诗人吴潜；清朝有影响日本一代画风的

画家沈铨；现代有著名神学家赵紫宸和他的翻译家女儿赵萝蕤，中国古桥古船专家朱惠勇。

### （十七）南翔：小小南翔赛苏城

位于上海市嘉定区南翔镇，嘉定区东与宝山、普陀两区接壤；西与江苏省昆山市毗连；南襟吴淞江，与闵行、长宁、青浦三区相望；北依浏河，与江苏省太仓市为邻。

南翔古名槎溪，是上海市四大历史名镇之一，历史上曾有“小小南翔赛苏城”之美誉，历史悠久，人文荟萃，文物古迹众多，旅游资源十分丰富。南翔古镇是国家AAAAA级风景区，境内有著名景点砖塔、古猗园、鹤槎山、留云禅寺等。

## 五、文化遗产保护的要求及相关文件

### （一）保护原则

整体性原则：联合国教科文组织世界遗产中心实施《保护世界文化和自然遗产公约》的操作指南中指出，完整性用来衡量自然和文化遗产及其特征的整体性和无缺憾性。江南古镇是由各种类型的建筑物形成的有机整体，这个系统性的整体反映了江南的社会、文化、经济等各个方面。

原真性原则：保护构成水乡古镇整体空间环境的建筑群落、街巷、河流等；保护文物建筑、水乡传统民居、传统街巷、河流等所构成的历史风貌、空间形态以及历史场所，延续风貌区的历史发展脉络；保护优秀的无形文化遗产；保护各级文物保护单位。

《中国文物古迹保护准则》中规定：文物古迹必须具有历史的真实性。①现存的实物必须是历史遗留的原状，包括始建时完整的状态、历史上多次改建后的状态和长期受损后残缺的状态。②大型建筑族群或历史街区（村镇）应当在整体上保存着历史风貌，现代增减或改动的部分所占比重必须很小。③历史文化名镇中的标志性遗迹和历史景观必须具有历史的真实性，应该是该范围内价值最高的文化古迹，并足以体现该名镇的文化特色。④曾经发生过重大历史事件的纪念地，其原来的场地也应视为文物古迹。借用文物古迹或历史名称新建的仿古景观不属于文物古迹。

可持续性原则：完善基础设施建设，整治环境景观，改善居住条件，采取多种保护手段，使历史建筑及周边环境在保持风貌特色的同时，又能满足现代生活的需求，提高风貌区的整体品质，满足其作为生命有机体正常运转所需要的多功能要求，实现可持续发展。

分类保护原则：根据保护对象不同的历史、科学、艺术价值，类型特征和完好程度，采用分类保护的方法，制定相应的控制规定和整治措施，保持历史风貌的多样性。

### (二) 国际相关指导文件

1976 年 11 月，联合国教科文组织在内罗毕通过了《关于历史地区的保护及其当代作用的建议》，提出“历史地区及其环境应被视为不可替代的世界遗产的组成部分”。

1977 年 12 月在秘鲁通过的《马丘比丘宪章》，不仅扩展了历史文化资源保护的范畴，而且从城市发展的角度出发，进一步突破了单纯的消极的静态保护，更加强调对历史文化资源进行积极、动态的保护。

2003 年 10 月，在联合国教科文组织第 32 届大会上通过的《保护非物质文化遗产公约》，进一步扩大了文化遗产保护的范畴，引入了非物质文化遗产概念。

1. 历史文化名镇历史文化建筑的保护

(1)《保护历史城镇与城区宪章》。

《保护历史城镇与城区宪章》(《华盛顿宪章》)对历史文化城镇历史文化建筑保护的规定主要有：

■ 房屋的改进应是保存的基本目标之一。

■ 当需要修建新建筑物或对现有建筑物改建时，应该尊重现有的空间布局，特别是规模和地段方面与周围环境现代因素的引入不应冲突，因为这些特征能为这一地区增添光彩。

(2)《保护文物建筑及历史地段的国际宪章》。

《保护文物建筑及历史地段的国际宪章》(《威尼斯宪章》)中明确，历史文化城镇的历史文化建筑属于文物建筑范畴，其对文物建筑的保护、修复与出版进行了相关规定：

■ 保护。

- 保护文物建筑，务必要使它传之永久。
- 为社会公益而使用文物建筑，有利于它的保护。但使用时决不可以变动它的平面布局或装饰。只有在这个限度内，才可以考虑和同意由于功能的改变所要求的修正。

- 保护一座文物建筑，意味着要适当地保护一个环境。任何地方，凡传统的环境还存在，就必须保护。凡是会改变体形关系和颜色关系的新建、拆除或变动都是决不允许的。

- 一座文物建筑不可以从它所见证的历史和它所产生的环境中分离出来。不得整个或局部搬迁文物建筑，除非为保护它而非迁不可，或者因为国家的或国际的十分重大的利益有此要求。

- 文物建筑上的绘画、雕刻或装饰只有在非取下便不能保护它们时才可以取下。

■ 修复。

- 修复是一门高度专门化的技术。它的目的是完全保护和再现文物建筑的审美和历史价值，它必须尊重原始资料和确凿的文献，不能有丝毫臆测。任何一点不可避免的增添部分都必须跟原来的建筑外观明显地区别开来，并且要看得出是当代的东西。不论什么情况下，修复之前和之后都要对文物建筑进行考古的和历史的研究。

- 当传统的技术不能解决问题时，可以利用任何现代的结构和保护技术来加固文物建筑，但这种技术应有充分的科学根据，并经实验证明其有效。

- 各个时代加在一座文物建筑上的正当的东西都应得到尊重，因为修复的目的不是追求风格的统一。一座建筑物有各个时期叠压的东西时，只有在个别情况下才允许把被压的底层显示出来，条件是，去掉的东西价值甚小，而显示出来的却有很大的历史、考古和审美价值，而且保存情况良好，值得显示。负责修复工作的个人不能独自评价修复所涉及的各部分的重要性和决定去掉什么东西。

- 补足缺失的部分，必须保持整体的和谐一致，但同时又必须使补足的部分跟原来的部分明显地区别开来，防止补足部分使原有的艺术和历史见证失去真实性。

- 不允许有所添加，除非它们不至于损伤建筑物的有关部分、传统布局、构图的均衡及其同传统环境的关系。

需要注意的是：必须把文物建筑所在的地段当作专门注意的对象，要保护它们的整体性，要保证用恰当的方式清理和展示它们。这种地段上的保护和修复工作要按前面所说的各项原则进行。

■ 出版。

一切保护、修复和发掘工作都要有准确的记录，做有分析有讨论的报告，要记录和报告插图和照片清理、加固、调整和重新组合成整体的每个步骤，以及工作过程中的技术和外形的鉴定。记录和报告应当存在一个公共机构的档案里，使研究者都可以读到，最好是公开出版。

2. 景观、遗址风貌与特性的保护

《关于保护景观和遗址的风貌与特性的建议》中规定：

联合国教育、科学及文化组织大会第十二届会议于 1962 年 12 月 11 日在巴黎通过的《关于保护景观和遗址的风貌与特性的建议》中，对列出零散遗址保护目录作为一种景观和遗址保护的方法做了一定的规定：

（1）对无论位于自然中还是位于城市内的零散小遗址，连同具有特殊意义的景观的各个部分，均应列出保护目录。对景色优美的地区，以及著名古迹周围的地区和建筑物，也应列出保护目录。凡列入保护目录的每一个遗址、地区和建筑物都须经特别行政决定并及时通知其所有者，列入保护目录应意味着未经保护遗址的主管当局许可，禁止其所有者毁坏遗址，或改变其状况或外观。

（2）当得到此种许可，应同时附有保护遗址所需的一切条件。但对于正常的农业活动以及建筑物的正常维修无须此种许可。

（3）有关当局的征用以及在列入保护目录的遗址内进行公共工程应征得负责该遗址保护的主管当局的同意。按规定，在列入保护目录的遗址内任何人不应获得可能改变该遗址特征或外观的权利。未经主管当局的同意，该遗址所有者不应通过签订协议授权他人。

（4）制定保护目录应包括禁止一切形式的对地面、空气或水的污染，同样，采矿也须经过特别许可。

（5）在列入保护目录的地区内及其邻近地带应禁止张贴任何广告，或者仅限于负责保护遗址的主管当局所指定的特定区域。

（6）在列入保护目录的遗址内宿营原则上应予以回绝，或者仅限于负责主管当局所确定的地区，并应接受其检查。

（7）遗址列入保护目录可以使遗址所有者有权对由此造成的直接的和确切的损失要求赔偿。

（8）保护不应只限于自然景观与遗址，而应扩展到那些全部或部分由人工形成的景观与遗址。因此，应制定特别规定确保对那些通常受威胁最大，特别是因建筑施工和土地买卖而受到威胁的某些城市中的景观和遗址进行保护。对进入古迹应采取特别保护措施。

（9）为保护景观和遗址所采取的措施应既是预防性的，又是矫正性的。

（10）预防性措施应旨在保护遗址免受可能威胁它们的危险。这些措施尤其应包括对可能损坏景观和遗址的工程和活动进行监督。

3. 历史地区的保护

《关于历史地区的保护及其当代作用的建议》中规定：

历史地区及其周围环境应得到积极保护，使之免受各种损坏，特别是由于不适当的利用、不必要的添建和诸如将会损坏其真实性的错误的或愚蠢的改变而带来的损害，以及由于各种形式的污染而带来的损害。任何修复工程的进行应以科学原则为基础。同样，也应十分注意组成建筑群并赋予各建筑群以自身各个部分之间的联系与对比所产生的和谐与美感。

4. 乡土建筑遗产保护

《乡土建筑遗产宪章》中规定：

（1）乡土建筑遗产的保护必须由跨学科的专家来执行，同时认识到改变与发展无法避免，并需要尊重群体已经建立的文化特征。

（2）当代有关乡土建筑、建筑群和聚居地的工程应当尊重建筑及群落的文化价值与传统特色。

（3）乡土遗产很少由单一的建筑物来代表，最好是维持与保存每一区域内具有代表性的建筑群与聚居地。

（4）乡土建筑遗产是文化景观不可或缺的一部分，在制定保护措施时必须考虑两者的关系。乡土遗产包含的不只是物质形式以及建筑物、结构和空间的组合，也包括对它们使用和理解的方式，以及依附于它们的传统和无形因素。

5. 历史文化名镇园林的保护

江南水乡古镇中有很多的名镇拥有园林，如同里、甪直、南浔、木渎等。国际古迹遗址理事会与国际历史园林委员会于 1981 年 5 月 21 日在佛罗伦萨召开会议，起草了一份以该城市命名的历史园林保护宪章：《历史园林保护宪章》（《佛罗伦萨宪章》）。该宪章的相关规定对江南水乡古镇园林类遗产的保护具有重要意义。历史园林的建筑构造包括：平面和地形；植物，涉及品种、面积、配色、间隔以及各自高度；结构和装饰特征；映照天空的水面，死水或活水。历史园林不能隔绝于其本身的环境，不论是城市的还是农村的，亦不论是自然的还是人工的。历史园林的保存取决于对其鉴别和编目的情况，需要对其进行维护、保护和修复。

6. 历史文化名镇中文物古迹的保护

《中国文物古迹保护准则》中规定：

（1）保护必须按程序进行。所有程序都应符合相关的法律规定和专业规则，并且广泛征求社会有关方面的意见。其中，对文物古迹价值的评估应当置于首要的位置。

（2）研究应当贯穿保护工作全过程，所有保护程序都要以研究的成果为依据。

（3）保存真实的记录，包括历史的和当代的一切形式的文献。保护的每一个程序都应当编制详细的档案。

（4）建立健全独立稳定的工作机制。要依法加强基层文物保管机构的管理职能。从业人员应当经过专业培训，通过考核取得资格。重要的保护程序实行专家委员会评审制度，委员会成员应具有本专业的高等资质和丰富的实践经验。

7. 建立历史文化名镇景观、遗址等保护名录

联合国教育、科学及文化组织大会第十二届会议于 1962 年 12 月 11 日在巴黎通过的《关于保护景观和遗址的风貌与特性的建议》对列出零散遗址保护目录做了一定的规定：

（1）对无论位于自然中还是位于城市内的零散小遗址，连同具有特殊意义的景观的各个部分，均应列出保护目录。对景色优美的地区，以及著名古迹周围的地区和建筑物，也应列出保护目录。凡列入保护目录的每一个遗址、地区和建筑物都须经特别行政决定并及时通知其所有者。列入保护目录应意味着未经保护遗址的主管部门许可，禁止其所有者毁坏遗址，或改变其状况或外观。

（2）当得到此种许可，应同时附有保护遗址所需的一切条件。但对于正常的农业活动以及建筑物的正常维修无须此种许可。

（3）有关部门的征用以及在列入保护目录的遗址内进行公共工程应征得负责该遗址保护的主管部门同意。按规定，在列入保护目录的遗址内任何人不应获得可能改变该遗址特征或外观的权利。未经主管部门的同意，该遗址所有者不应通过签订协议授权他人。

（4）制定保护目录应包括禁止一切形式的对地面、空气或水的污染，同样，采矿也须经过特别许可。

（5）在列入保护目录的地区内及其邻近地带应禁止张贴任何广告，或者仅限于负责保护遗址的主管部门所指定的特定区域。

（6）在列入保护目录的遗址内宿营原则上应予以回绝，或者仅限于负责主管部门所确定的地区，并应接受其检查。

（7）遗址列入保护目录可以使遗址所有者有权对由此而造成的直接的和确

切的损失要求赔偿。

8. 历史文化名镇真实性的保护

1994 年体现《威尼斯宪章》精神的《奈良宣言》（全名《奈良真实性宣言》）强调："真实性是文化遗址价值的基本特征，对真实性的了解是进行文化遗址科学研究的基础。""保护一座文物建筑，意味着要适当地保护其环境。任何地方，凡传统的环境还存在，就必须保护。""文化和遗址的多样性是我们这个世界不可取代的精神资源和全人类的智慧财富。""文化和遗址的多样性是跨时空存在的，需要得到各种文化和信仰的尊重。"《奈良宣言》在强调保护文物古迹真实性的同时肯定了保护方法的多样性。

### （三）国内相关政策演进

2002 年，《中华人民共和国文物保护法》的出台为我国历史文化村镇的保护工作提供了法律保障。2003 年，住房和城乡建设部与国家文物局批准了 22 个中国历史文化名村名镇，标志着我国历史文化村镇保护跨入了一个新阶段。之后，国家和地方制定了多个有关古镇保护的政策法规。

1. 国家政策文件

国家有关古镇保护的政策文件具体如表 2-4 所示。

**表 2-4　国家保护历史文化村镇的政策文件**

| 时间 | 政策 | 主要内容 |
| --- | --- | --- |
| 2008 年 | 《历史文化名城名镇名村保护条例》（中华人民共和国国务院令第 524 号） | 确立了历史文化名城名镇的价值评估体系，强调名城名镇名村的价值核心，并提出了具体的保护措施和规定 |
| 2016 年 | 《住房和城乡建设部　国家发展改革委财政部关于开展特色小镇培育工作的通知》（建村〔2016〕147 号） | 到 2020 年，培育 1000 个左右各具特色、富有活力的休闲旅游、商贸物流、现代制造、教育科技、传统文化、美丽宜居等特色小镇，引领带动全国小城镇建设，不断提高建设水平和发展质量 |
| | 《住房和城乡建设部关于公布第一批中国特色小镇名单的通知》（建村〔2016〕221 号） | 公布了 127 个"第一批中国特色小镇"名单 |
| | 《国家发展改革委关于加快美丽特色小（城）镇建设的指导意见》（发改规划〔2016〕2125 号） | 加强历史文化名城名镇名村、历史文化街区、民族风情小镇等的保护，保护独特风貌，挖掘文化内涵，彰显乡愁特色，建设有历史记忆、文化脉络、地域风貌、民族特点的美丽小（城）镇 |

续表

| 时间 | 政策 | 主要内容 |
|---|---|---|
| 2017年 | 《关于实施中华优秀传统文化传承发展工程的意见》 | 对如何实施中华优秀传统文化传承发展工程做出了具体要求，并提出加强新型城镇化和新农村建设中的文物保护，实施传统村落保护工程 |
| | 《住房和城乡建设部关于保持和彰显特色小镇特色若干问题的通知》（建村〔2017〕144号） | 各地要坚持按照绿色发展的要求，有序推进特色小镇的规划建设发展 |
| | 《住房和城乡建设部关于公布第二批全国特色小镇名单的通知》（建村〔2017〕178号） | 北京怀柔区雁栖镇等276个镇被评为第二批全国特色小镇 |
| | 《国家发展改革委　国土资源部　环境保护部　住房和城乡建设部关于规范推进特色小镇和特色小城镇建设的若干意见》（发改规划〔2017〕2084号） | 对于特色小镇与特色小城镇开发的指导部门以及相关土地利用的问题给予了指导 |
| | | 对特色小镇和特色小城镇高质量发展提出了总体要求 |
| 2018年 | 《国家发展改革委办公室关于建立特色小镇和特色小城镇高质量发展机制的通知》（发改办规划〔2018〕1041号） | 代表着对特色小镇热潮的及时刹车及清理整顿已经取得阶段性进展，新的一轮特色小镇和特色小城镇的探索工作开始展开 |

此外，关于历史文化名镇中文物古迹保护问题，《中国文物古迹保护准则》中规定：

（1）保护必须按程序进行。所有程序都应符合相关的法律规定和专业规则，并且广泛征求社会有关方面的意见。其中，对文物古迹价值的评估应当置于首要的位置。

（2）研究应当贯穿在保护工作全过程，所有保护程序都要以研究的成果为依据。

（3）保存真实的记录，包括历史的和当代的一切形式的文献。保护的每一个程序都应当编制详细的档案。

（4）建立健全独立稳定的工作机制。要依法加强基层文物保管机构的管理职能。从业人员应当经过专业培训，通过考核取得资格。重要的保护程序实行专家委员会评审制度，委员会成员应具有本专业的高等资质和丰富的实践经验。

2. *地方政策措施*

随着国家加大古镇建设的力度，为了保护不可再生的文化遗产，各地方政府结合地区自身情况，制定了相应的古镇保护与开发政策。

2012 年，铜川市人民政府通过《关于进一步加快陈炉古镇景区保护和开发建设的意见》，使古镇风貌得到有效保护，基础设施建设不断加快，景区宣传力度不断加大。2014 年，铜川市人民政府通过《关于加快建设省级重点示范镇和文化旅游名镇有关事项的意见》，指出文化旅游名镇建设要突出地域特点，强化文物保护理念，注重历史风貌和文化特色传承，坚决避免大拆大建、千篇一律。

2018 年，重庆市五届人大常委会第四次会议通过《重庆市历史文化名城名镇名村保护条例》，设定名城名镇名村保护的系列制度，包括资源普查制度、保护名录制度、预先保护制度、宅基地置换制度。

2018 年，珠海市人民政府通过《珠海经济特区历史文化名镇名村和历史建筑保护办法》，从多方面建立健全保护管理体制机制，设置名镇名村保护责任人制度，设立预保护制度，实施交通管制措施。

2019 年，安徽省住房和城乡建设厅发布《关于进一步加强历史文化名城名镇名村街区及历史建筑保护工作的意见》，明确对商业和居住混合型历史文化街区不得强行搬空原住民进行开发，不得违反历史文化街区规划进行街区改造。

2019 年，四川省人民政府通过《关于加强古镇古村落古民居保护工作的意见》，指出将坚持活态保护和创新发展，以传承乡土文化、彰显巴蜀特色、促进利用发展为方向，加大古镇古村落古民居保护力度，切实让古镇古村落古民居成为“乡愁”守望地。

## 六、江南水乡古镇遗产保护举措

### （一）周庄镇对古镇保护范围、对象与方法的一些规定

周庄镇控制区范围为周庄镇钯水港以南地域，面积约为 1.30 平方千米，其中已建成区面积约为 0.47 平方千米。古镇区保护规划范围为东起银子浜，南至南湖，西到白蚬湖，北抵全功路，面积约为 0.24 平方千米。古镇区重点地段整治规划范围为沿街沿河重点风貌地段，面积约 0.06 平方千米。

根据 1996 年周庄镇区的总体规划，周庄古镇区功能以旅游、商贸服务、生活居住为主，集中体现古镇传统风貌和水乡特色。古镇区保护详细规划以保护古镇风貌、整治历史环境提高旅游质量、改善居住环境为目标，协调保护与更新改造、旅游开发与改善居民生活的关系。《周庄镇人民政府关于贯彻执行

〈周庄古镇保护暂行办法〉若干规定》指出：古镇重点保护区是指西至油车漾、寺前港；北至后港街北、蚬江街西各100米；东至北市街、银子浜、箬泾河东100米；南至南湖、新开河0.24平方千米的范围。缓冲区指急水港大桥以南除东垞及重点保护区外的0.23平方千米的范围。旅游配套区指大桥路以及大桥以南除0.47平方千米以外的所有区域。

保护古镇的宗旨：继承和保护祖国优秀的历史文化遗产，保护独具特色的反映明、清、民国初年浓郁江南水乡风情的风貌景观，使周庄古镇保护和旅游经济的可持续发展更加和谐，并使周庄古镇早日列入世界历史文化遗产。

重点保护优秀的历史文化遗产，独具特色的明、清、民国初年浓郁江南水乡风情的风貌景观，充分挖掘古镇文化内涵。其内容包括各级文物点、古镇风貌和空间格局的保护及古镇区各级保护范围的划定，古镇区建筑高度的控制，古镇传统文化的继承与传统经济的发展等。

《周庄镇人民政府关于贯彻执行〈周庄古镇保护暂行办法〉若干规定》中规定：周庄辖区内的所有古建筑、历史遗址、纪念性建（构）筑物、古墓葬、石刻、石碑、古树名木等文物都应重点加以保护。保护框架由自然环境要素、人工环境要素、人文环境要素等组成。自然环境要素指有特征的地貌和自然景观，包括地理条件和气候、物候条件，重点是周庄以水为主体的自然环境特征；人工环境要素指周庄以河道为骨架，因水成街、因水成市的空间格局和传统民居、特色街市以及各类文物点等人工创建的物质环境特征；人文环境要素指居民的社会活动、生活习俗、生活情趣、文化艺术所形成的人文环境特征。

保护结构分节点、轴线、区域三部分，它们之间相互联系构成城市的景观特色。节点为人们感觉和识别城镇空间的重要参照物，指对江湖、寺观、民居、茶楼、街市、古桥、古井、古木、牌坊等的保护；轴线为组织城市生活的主要街道，亦是展示古镇特色的主要通道，指对水乡特色风貌、特色街道商业轴与古宅民居旅游轴的开发和保护；区域指对周庄不同风貌地段的整治、开发和保护。

保护主题：①“江南典型水乡之镇”，以保护周庄古镇“小桥、流水、人家”和恢复整理“周庄八景”为主的自然景观风貌。②“明清繁华贸易之镇”，以保护各级已公布和待定的文物保护单位和有特色的历史地段或街区，再现历史风貌。③“文人雅士寄寓之镇”，以保护及再现名人寓居或流连之所，挖掘古镇文化内涵。④“民风淳朴生活之镇”，以保护古镇原有街坊格局，体现居民生活情趣、民俗生活氛围，弘扬传统艺术文化。

## （二）南浔古镇对保护对象、范围与方法的一些规定

1987 年起，南浔镇逐步停止在古镇保护范围内新建建筑物。通过两次文物普查，对全镇 30 多处文物遗产初步建立了管理档案。2000 年，南浔镇根据南浔镇总体规划，委托上海同济大学城市规划设计研究院、国家历史文化名城研究中心，编制了《南浔古镇保护规划》，确定了 2 平方千米的古镇保护范围，制订了分步实施方案。

先后对小莲庄、藏书楼、张石铭旧居、张静江故居、百间楼部分地段、商会旧址、丝业会馆以及 9 座古桥开展了重点修复。对部分租用传统民居、园林古迹的工厂、学校、医院等单位以及与周围环境不相协调的建筑有计划、有步骤地开展了清理和搬迁工作。同时搞好卫生保洁和镇区绿化，整治周边环境，使古镇风貌得以延续和发展。

南浔古镇在保护性开发过程中，始终将“严格保护”作为重中之重。为配合项目推进，2004 年初南浔文物保护管理所对文物资源进行专项普查，在古镇范围内又新发现 48 处较有价值的优秀历史建筑，其中 27 处拟公布为“区级文保点”。在依据原有城市规划和保护规划进行的主出入口拆迁中，南浔除组织文保、古建筑专家对地块建筑、水系、街巷等细致察看，确认保护对象，还对需拆迁房屋拍照建档。拆迁过程中，他们聘请原小莲庄文保所所长刘以芳现场跟踪，一旦发现有价值房屋或建筑构件及时报告。可拆可不拆的老建筑一律不拆，树木一棵不动。

## （三）西塘古镇对保护对象、范围与方法的一些规定

西塘古镇保护走的是开发式的保护之路，将古镇特有的传统遗存保护下来并展示给游客。传统遗存有着深厚的历史文化价值，同时也蕴含着巨大的经济价值。旅游开发不仅能让更多的人认识到西塘古镇保护的价值，而且能给古镇保护提供资金支持。

近年来，西塘镇坚持“保护为主，抢救第一”的方针，加大投入力度，先后投资近亿元，开展了以保护古建风貌和改善居民生活质量的综合整治工作：

（1）市河清淤和驳岸维修工程。1997 年，组织人工筑坝拦河，对流经古镇区的河道进行了彻底的清淤，保证了河道的畅通和水质的改善。2001～2002 年又对古镇区内 1300 米长的驳岸进行大规模维修、整理。

（2）古桥维修工程。1997 年以来，共对被拆除或损坏的 11 座古桥进行了

修复或整治。

（3）千米廊棚修缮工程。通过对朝南埭、小桐街、塔湾街、北栅街、椿作埭、鱼行埭等沿河廊棚进行维修，使西塘古镇独有的传统风貌得以原汁原味地保存。

（4）街巷景观整治工程。1999年以来，先后对朝南埭、北栅街等九条街巷的沿街立面、路面等进行了整治，将电力、电信、有线电视三线全部入地，并增设污水管道为街区居民享用现代卫生设施提供了良好条件，使古街风貌和居民生活条件得到了明显改观。

（5）传统建筑维修工程。西塘古镇先后请上海同济大学、南京建筑工程学院对其传统建筑进行了维修整治。在维修过程中，西塘古镇坚持“修旧如初，以存其真”的原则，聘请专家、行家做指导，选择具有古建筑修缮专长的施工队伍，采用原结构、原材料、原工艺等，使传统建筑的原真性、完整性得到了切实保护。

一直以来，西塘古镇通过多种宣传媒介，如电视、广播、报纸、网络等宣传古镇保护，同时定期向古镇居民、企事业单位编发《古镇保护与开发简报》等，广泛向古镇居民和广大游客宣传西塘古镇的重要价值和丰富资源，帮助居民和游客加深对古镇历史文化价值的了解，增强了古镇居民的荣誉感和责任感，从而提高了居民和游客热爱西塘古镇、保护西塘古镇的自觉性，获得了广大民众及各级政府的支持。另外，在社会上也引起广泛的关注，让古镇保护在全国引起广泛讨论，推动了相关研究，使大家都为古镇保护出谋划策。

### （四）乌镇古镇对保护对象、范围与方法的一些规定

乌镇地处桐乡市北端，西临湖州市，北界江苏吴江区，为两省三市交界处。陆上交通有县级公路姚震线贯穿镇区，经姚震公路可与省道盐湖公路、320国道、318公路、沪杭高速公路衔接。乌镇距桐乡市区13千米，距嘉兴、湖州、吴江三市分别为27千米、45千米和60千米，距杭州、苏州均为80千米，距上海140千米。

到乌镇可经沪杭高速公路、320国道、318公路到桐乡，再从桐乡到乌镇，也可经沪宁、杭宁到乌镇。桐乡每天7：00~17：00每隔15分钟就有一班中巴车到乌镇，交通十分便利。乌镇镇内交通主要以人力三轮车、出租车为主，景区内交通主要有手摇游船和观光车等。

1998年，乌镇委托上海同济大学城市规划设计院编制《乌镇古镇保护规

划》，明确了乌镇古镇保护和旅游开发的整体发展方向，并将整个古镇划分为绝对保护区、重点保护区、一般保护区和区域控制区四个不同等级的保护区域，提出不同等级的保护措施，保护范围和缓冲面积达 0.198 平方千米。

2001 年，乌镇古镇保护与旅游开发一期工程东栅景区正式对外开放，景区面积约 0.46 平方千米，保护建筑面积近 6 万平方米，以原汁原味的水乡风貌和深厚的文化底蕴，一跃成为中国著名的古镇旅游胜地。开放以来，乌镇每年吸引 200 多万海内外游客前来观光游览，成为浙江省年接待外宾数量最多的单个景点。

鉴于乌镇有大量的明清经典建筑群尚待保护修复，所以乌镇在古镇保护与旅游开发一期工程成功运作后，对二期西栅工程进行了规划。2003 年，乌镇启动省级重点项目古镇保护二期工程（西栅景区），投入 10 亿元巨资对乌镇西栅实施保护开发，保护工程实施范围近 3 平方千米。

二期西栅街区秉承“保护利用历史建筑，重塑历史街区功能”的理念，相对一期保护开发工程，二期西栅景区的保护开发更加完善彻底，人和环境、自然、建筑更为和谐。景区内保存有精美的明清建筑 25 万平方米，横贯景区东西的西栅老街长度达 1.8 千米，两岸临河水阁绵延 1.8 千米有余。景区内有纵横交错的河道近万米，形态各异的古石桥 72 座，河流密度和石桥数量均在全国古镇罕见。景区北部区域是 5 万平方米的天然湿地。与一期工程的“观光型”景区相区别，二期则是一个中国罕有的“观光加休闲体验型”古镇景区，完美地融合了观光与度假功能，街区内的名胜古迹、手工作坊、经典展馆、民俗风情、休闲场所让人流连忘返，自然风光美不胜收，泛光夜景气势磅礴。此外，景区内有各类风格的民居客房和各种档次的度假酒店，多家设施齐全的会议中心和商务会馆，可供 800 余人住宿；游客服务中心、观光车、观光船、水上巴士、直饮水、天然气、宽带网络、卫星电视、电子巡更、泛光照明、星级厕所和智能化旅游停车场等配套设施一应俱全，整体上创建了一个食宿游购逐渐完备的新型古镇社区。

### （五）上海朱家角古镇对保护对象、范围与方法的一些规定

朱家角镇地域面积 138 平方千米，其中古镇文化历史风貌保护区 1.8 平方千米，核心保护区 0.34 平方千米，明清建筑群总面积 21 万平方米。古镇区内九条老街沿河而筑、石板长街商贾云集、古桥古街古宅风貌依旧、临河民宅枕河而居、深巷幽弄咿呀小舟，处处呈现出一幅浓郁的江南水乡古镇画卷。2002

年4月，总体规划9.46平方千米的中心镇建设正式启动，绿化建设始终从江南水乡古镇的实际出发，充分挖掘区域丰富的自然资源，坚持“以水为源，以绿为美”。在整个建设中，朱家角古镇精细统筹规划建绿不走样，在“个性”和“特色”上提升绿化品位，努力把朱家角建设成为“水乡—绿色—文化”为一体的园林城镇。

经过四年多的努力，突出区域个性，充分汲取江南水乡古文化元素，打造园林精品的中心镇建设目标基本实现。

朱家角古镇的规划理念是：用世界语言说文化中国。8.14平方千米的中心镇包括三个部分，即0.68平方千米的古镇区、2.4平方千米的老镇区和新镇区，功能定位是：古镇区“修旧如旧”，凸显旅游功能；老镇区协调过渡，为旅游配套服务；新镇区拓展提升，彰显现代江南水乡民居特色。

古镇区，主要包括古镇沿河两岸大批古建筑群、古镇老街区、课植园和放生桥等，建设要求是“修旧如旧”，保留古镇原汁原味的历史风貌。

老镇区，建设架构是“一心、二脉、三岛、四广场”，充分体现古镇区与老镇区的协调过渡。“一心”指围绕放生桥的核心区域，这也是老镇区的亮点。“二脉”就是打造淀浦河和祥凝浜路两条水陆旅游景观线。“三岛”中的第一岛指大淀湖北端的水上景观岛，通过新建一条水中长堤与老镇区相连，主要为旅馆区；第二岛为民俗文化集聚地，旨在提升古镇内涵；第三岛是会务中心，结合南入口建成朱家角的门户标志。“四广场”就是在淀浦河两岸的核心区内，建设艺术展示区、水上码头区、商业娱乐区、旅馆设施区”四个广场。

新镇区，朱家角古镇将实施组团开发，建成“一中心、二河街”。新镇区内设置三大组团建筑，两大组团规划建成高档住宅区，另一组团作为新镇的休闲生活中心，配置商场、学校和医院等设施。“一中心、二河街”即生态公园为核心的新镇区中心；公园开辟两条南北走向、明清风貌的沿河街。整个新镇区将建成一个融景观和建筑于一体的21世纪新镇，与古镇遥相呼应，相映成趣。在新镇区与老镇区之间建设3000米长、200米宽的绿化大道，即“中央生态大道”，起到既分割又过渡的作用。

在不同的历史时期，江南古镇采取了不同的保护方式，如保存或修复、更新、环境性保护、信息性保护等，如表2-5所示：

表 2-5　江南部分古镇主要保护方式

| 保护方式 | 古镇名称 | 时间 | 主要举措 |
|---|---|---|---|
| 保存或修复 | 周庄 | 20 世纪 70 年代末 | 保存 14 座建于元、明、清各代的古石桥。800 多户原住民枕河而居，60%以上的民居依旧保存着明清时期的建筑风貌 |
| | | 1992 年始 | 保存或修复宋代建筑澄虚道院、明代建筑张厅、清代建筑沈厅、清末建筑叶楚伧故居 |
| | 乌镇 | 1999 年始 | 投入 1.25 亿元建设古镇保护一期工程，修复古镇历史文化建筑 |
| | | 2003 年始 | 投入 10 亿元巨资，建设古镇保护二期工程，全面保存修复乌镇经典明清建筑群，有精美的明清建筑 30 余万平方米，横贯景区东西的西栅老街长度达 18 千米 |
| | 同里 | 20 世纪 70 年代末 | 保护、保存完好的明清建筑达 6.5 万平方米，占总建筑面积的 61% |
| | | 1998 年 | 投资 2000 多万元修复始建于明代的“蓬莱仙境”，罗星洲、明代官邸园林耕乐堂、陈去病故居等一系列景点 |
| | | 1981~1998 年 | 1981 年 10 月，退思园被列为江苏省文物保护单位，修复工作历时 8 年。1998 年，退思园完成全部修复 |
| | | 1984~1998 年 | 修复了崇本堂、嘉善塘、三桥、文物陈列馆、明清商业街等建筑 |
| | | 截至 2007 年底 | 投入 3000 多万元，对退思园、陈去病故居、丽泽女校、崇本堂、嘉荫堂、天放楼、耕乐堂等古建筑进行了重点抢修和保护 |
| | 南浔 | 1982 年始 | 大批的古民宅、民居、园林等古建筑得以保存 |
| | | 2001 年 | 投资 1 亿元，恢复了传统的木器、丝行、米行、轿行等老字号商店，修复刘氏梯号、求恕里、广惠寺 |
| | | 2014 年 | 投入近 6.5 亿元进行金宅、小莲庄二期、张静江二期修缮工程，修复庞宅、张市旧宅建筑群 |
| | 角直 | 2007 年 | 恢复沈宅、万盛米行、萧宅等一大批古民宅和历史景观 |
| 更新 | 周庄 | 2009~2013 年 | 建立古镇文化旅游创意产业园，形成旧民居街区创意文化体验区、画家村艺术街区、非物质文化遗产体验街区和文化创意产业展示设计中心区 |
| | 南浔 | 2009 年 | 投资 1 亿多元的新开河项目定位为湖笔文化展示中心、丝绸文化展示中心、富商文化展示中心三大功能区。总投资 1.7 亿元的晶街时尚休闲中心项目位于南浔镇南西街以西，建成具有古镇风貌的集购物、餐饮、娱乐、休闲等多种功能于一体的综合性街区 |

续表

| 保护方式 | 古镇名称 | 时间 | 主要举措 |
| --- | --- | --- | --- |
| 更新 | 新场 | 2008 年 | 建成大东方当代艺术家村，号称“亚洲最大画家聚集地”。旨在推动和发展当代中国本土艺术、先锋艺术及中国实验艺术，同时推动中国当代新海派艺术的重新崛起。占地 3 万平方米，投资 5 亿元。街区首期推出 500 个原创绘画工作室、画廊、展厅 |
| | 角直 | 2004 年 | 总投资 1 亿多元，建设集购物、休闲、旅游、娱乐等功能于一体的角直商业步行街 |
| | | 2009 年 | 项目总投资 1.8 亿元，角直江南水乡文化园占地总面积 120 亩，建造仿古建筑 1.2 万平方米、园林景观区 1.25 万平方米和仿古桥 16 座。主要分为六大功能区：公共绿化区、文艺表演区、土特产展示区、文化展示区、园林景观区和廊棚水街区。2009 年 5 月竣工对外开放 |
| | 朱家角 | 2006 年 | 投资 10 亿元正式启动建设 60 万平方米的中信泰富朱家角新镇项目。该项目集特色居住、休闲、度假和商业功能于一体。将朱家角从传统的观光旅游景点提升为国内首个“度假茂”，以吸引品牌开发商进驻 |
| 环境性保护 | 同里 | 2007~2008 年 | 铺设了 1.8 万多米的污水处理主干网，修建了 15 千米沿河驳岸。投入 2000 多万元，在古镇区 4.7 千米长的河流上建设 7 座仿古景观水闸，以调节水流，净化水质。投入 5000 万元建设基础设施。对主要旅游沿线道路、桥梁进行改造，并做到通信、电力、有线电视线三线入地。开展大规模的池塘清淤工作 |
| | 乌镇 | 20 世纪 80 年代末 | 采用管线地埋、雨污分流等先进技术，创造性地实现了对多项基础设施的建设与升级。不但进行了卫生设施的改造，而且还接入了直饮水管线、宽带、卫星电视和无线网络。注重整个景区环境的绿化配套、设置、布点和规模种植 |
| | 周庄 | 1992 年 | 修复 10 座古石桥、5100 米石驳岸、201 处河埠 |
| | | 2000 年 | 修建“三线”（电线、电话线、电视天线）下地工程、污水处理工程，改变居民往河中倾倒污水和垃圾的习惯 |
| | 南浔 | 2001 年 | 修缮河岸 4000 米，启动古镇水系的全面治理、消防设施的配套完善、古镇绿化亮化三项工程。古镇水系的全面治理包括源头疏浚、河道清淤、沿途截污、稳定水位、定期换水等综合治理措施 |
| | | 2013 年 | 启动 20 千米的综合管网工程，涉及百间楼社区、适园社区、夏家社区内的 57 条街道（里弄），告别污水直排 |
| | 角直 | 2000 年 | 投资 3000 万元用于境内河道整治；投资 3750 万元实施三线下埋和自来水改造、生活污水截流工程；投资 3000 多万元扩建镇污水处理厂和集中供热厂 |

续表

| 保护方式 | 古镇名称 | 时间 | 主要举措 |
|---|---|---|---|
| 信息性保护 | 西塘 | 2006 年 | 建设中国酒文化博物馆、西塘古建筑艺术馆等文化旅游设施。酒文化博物馆是为刘西明先生几辈人收藏的酒文化实物而重建的。设立了青铜器馆、陶器馆、瓷器馆、珍宝馆、品酒区等多个展厅 |
| | 周庄 | 1992 年 | 建设天孝德民间收藏馆，馆藏文物共计 20 余万件，均为流散于长江三角洲地区民间的生活生产用品及部分官宦用品。藏品大类：木器、陶器、瓷器、玉器、石器、青铜锡器、钱币、紫砂、丝绸、绣品、古籍字画、象牙、骨角类杂件等，年代跨度为新石器时代至民国时期 |

## 七、江南古镇旅游业发展历程与开发模式

### （一）江南古镇旅游业发展历程

此处以周庄、乌镇、西塘、南浔、同里、木渎、千灯、淳溪、枫泾九大古镇为重点来说明江南古镇旅游业的发展历程，具体如表 2-6 所示。

**表 2-6 九大江南古镇的旅游业发展历程**

| 名称 | 时间 | 发展战略 | 发展措施 | 发展目标 |
|---|---|---|---|---|
| 周庄古镇 | 1986~1995 年 | 十年“保护”，古建筑及历史风貌的修缮和保护 | 出台全国首个古镇保护规划；<br>拿出门票收入的 10% 作为古镇保护基金（形成古镇保护利用开发“周庄模式”） | 打造“中国第一水乡”旅游品牌 |
| | 1996~2005 年 | 十年“发展”，大力发展古镇观光旅游 | 成功主办国际旅游节；<br>出售全国首张古镇旅游门票；<br>全面景区化，重点发展古镇观光旅游 | 强化“中国第一水乡”旅游品牌 |
| | 2006 年以来 | 从观光型向休闲型转型，打造观光、休闲、度假综合旅游目的地 | 大力增建度假休闲型项目，挖掘并利用原生态文化及非物质文化遗产；<br>启动建设周庄画家村文化创意项目及《四季周庄》水乡实景项目；<br>规划建设昆山文化创意园，建设华东地区最大艺术品生产交易中心，以“昆剧”为核心建设地方特色演艺中心，建设中国水乡传统文化体验中心，建设中国地方旅游产品生产交易集散地，推出环镇水上游，乡村、农业、户外拓展体验游，以古镇为核心协同发展古镇周边游 | 打造国际周庄、文化周庄、休闲周庄<br>打造全国乃至全世界休闲观光文化旅游目的地 |

续表

| 名称 | 时间 | 发展战略 | 发展措施 | 发展目标 |
| --- | --- | --- | --- | --- |
| 乌镇古镇 | 2001~2006年 | 历史文化遗产保护和再利用保护与开发并以开发促进保护 | 乌镇古镇保护与旅游开发一期工程——东栅景区（观光小镇）：放大资源的差异性，给顾客带来观感体验，形成景区生来居上的独特优势 | 世界级古镇文化旅游目的地 |
| | 2007~2012年 | | 乌镇古镇保护与旅游开发二期——西栅景区（度假小镇）：用产品的差异性放大度假客人的浸入式体验感受，构建景区差异于同类产品的差优势 | |
| | 2012~2016年 | | 乌镇戏剧节等重大国际影响力的文化节庆活动举办（文化小镇）：将文化作为放大景区 IP 的重大手段，给度假客人带来文化精神感受，形成景区竞争的无形优势 | |
| | 2016年以来 | | 作为世界互联网大会永久会址，引进智慧产业，并打造未来古镇生活场景 | |
| 西塘古镇 | 1996~2003年 | 文化搭台，旅游唱戏 | 围绕景点建设、文化活动、商市购物、促销接待开展旅游活动 | 打造西塘古镇风情游旅游品牌 |
| | 2004年以来 | | 连续四年邀请世界旅游小姐大赛中国区冠军担任西塘旅游形象大使；<br>以古镇保护为核心，充分发挥水乡、文化、生态、品位四大资源优势，以古镇旅游为支撑，开发丰富旅游产品业态 | 打造以古镇旅游为支撑，集餐饮、休闲、娱乐、健康、文体、会务接待和居住等为一体的大三产业发展格局 |
| 南浔古镇 | 1983~2002年 | 同步推进古镇旅游提升和古镇城市复兴 | 成立南浔区工委会、湖州南浔旅游发展有限公司，基本修复清末民初南浔原貌 | 传承和弘扬中华民族文化，创建世界级历史文化名镇 |
| | 2003~2011年 | | 与上海博大公司合作，采取市场化运作，在基础设施改善、古镇原貌恢复、旅游功能开发上取得良好效果 | |
| | 2011年以来 | | 政府收回古镇经营管理权，成立南浔古镇管理委员会，实行“景区与行政区合一”的模式 | |

续表

| 名称 | 时间 | 发展战略 | 发展措施 | 发展目标 |
|---|---|---|---|---|
| 同里古镇 | 1986年以来 | 保护古镇、开发旅游、发展景区、旅游兴镇 | 积极引进外资打造国际化旅游特色型小镇品牌；<br>由“醇正水乡”向“国际同里”转型，强化国际意识，打造同里世界特性；<br>积极兴建休闲、度假设施，构建休闲同里框架；<br>实施大同里战略，构建“快旅慢游”体系；<br>借“田”依“水”，发展生态特色农业旅游 | 形成以古镇景点游览为核心、同里湖休闲度假为依托、肖何湖自然生态景观相配套的一个全新的同里旅游独特品牌，使古镇同里真正成为以文化为重点，集休闲、度假、娱乐、会议、居住于一体的国际旅游目的地 |
| 木渎古镇 | 2000年以来 | 在继承文化、保护古镇基础上，大力发展旅游业 | 相继恢复和开放榜眼府第、古松园等重要园林古景；<br>塑造中国园林古镇，乾隆六次到过的地方和姑苏十二娘旅游品牌；<br>大力发展商贸服务业，打造香港商贸区、凯马广场、长江路、金枫商业广场四大商圈 | 打造区域性商贸中心和旅游集散中心 |
| 千灯古镇 | 2001年以来 | 保护古镇、传承文化，开发旅游、促进发展 | 实施一系列古镇保护和文化旅游资源开发工程 | 打造具有“典雅精致、艺术韵蒂”特质的江南水乡的典型代表 |
| 淳溪古镇 | 20世纪90年代初以来 | 科学规划、合理开发、永续利用 | 使筑城圩水街与老街配套，将筑城圩建设成绿色生态园，形成历史街区、文化水街、创意公园、商贸文化区、胡滨休闲区、商业服务管理区、分时度假区、亲水娱乐区八大功能；<br>丰富景观内涵，以老街与民俗文化为特色、以水乡休闲度假为重点、以“文化高作、生态水乡、休闲胜地”和“金陵第一老街，生态休闲水乡”为品牌形象 | 打造集休闲、度假、观光、会议、康体、娱乐、购物、宗教旅游于一体的全国性老街旅游胜地 |
| 枫泾古镇 | 2003年以来 | 恢复文脉、激活古镇、升级产业，优势互补 | 陆续开展古镇保护工程；<br>规划古镇文旅游商业区、北美休闲生活商业区、古装商贸服务业聚集区三大功能区 | 打造集古镇、文化、工业、农业、生态和新镇风貌于一体的旅游胜地 |

## （二）开发模式

### 1. 政府主导型开发模式

江南古镇在其旅游开发初期，基本上都采用了政府主导模式。同里古镇20世纪80年代到21世纪初的旅游开发，采用的就是这种模式。

1981年，同里镇被列为国家级太湖风景区十三个景区之一。1982年，同里镇被江苏省批准为全省唯一的省级文物保护镇。1982年2月，同里镇开始修复退思园，从此拉开了江南古镇保护事业的序幕。自1986年开始，同里镇政府先后投入了大量的资金、人力和物力，重点打造各项旅游设施。同时，镇政府先后制定多项旅游业发展规划和文物保护规划，按照市场发展规律，重新整治和修缮了古镇街道，并按照市场变化和游客需求，建设了旅游商业设施和现代化的服务设施。

1998年，同里古镇和退思园被列入世界文化遗产预备清单。之后，同里镇在古镇保护与旅游开发方面的投入力度明显加大，先后投入两三亿元资金用于古镇区各方面的环境整治。

在这种发展模式中，地方政府运用城市规划审批权力对古镇旅游开发进行宏观管理，如运用行政审批、规划管理等手段，对古镇的旅游开发加以调控，并负责基础设施建设、公共服务和监督管理。地方政府作为旅游开发主体，要综合兼顾经济效益、环境效益、社会效益。

2001年，同里镇政府在景点建设中引入了苏州凯达公司，采用政府与企业合作的形式，投资2700万元，建设了珍珠塔景点群。这是同里镇政府运用市场化手段进行古镇区景点建设的第一次尝试。在此之前，同里镇几乎所有的景点建设都是完全依靠政府的力量完成的。

宋瑞在《利益相关者视角下的古村镇旅游发展》一书中认为，周庄古镇的旅游发展采用的也是政府主导型开发模式。1986年，周庄成立周庄旅游服务公司。1989年，经过修复的重要景点沈厅对外开放，当年旅游者数量达5.5万人次。1994年底，周庄镇旅游发展总公司组建，对古镇内所有景点实施统一管理、统一经营。1998年底，以周庄旅游发展总公司为核心组建苏州周庄古镇旅游集团公司，下设景点、旅行社、票务中心、定点饭店、停车场、食品厂、酒厂、工艺品商店、游船、房屋开发等分公司。

政府主导型开发模式具有以下特点。第一，政府统包统揽。由政府负责发展决策，按市场需求和区域进行旅游总体规划；政府修建或改善旅游的基础设施；政府代表国家拥有所有权、经营权及开发权；政府还负责日常经营管理活动。第二，居民参与感比较弱。居民参与的主要形式为在景区内开店做生意，或出租房屋获得租金。第三，遗产旅游资源在某种程度上存在“两权分离”，即所有权和经营权分离，如企业通过租赁的方式获得经营权，但并没有改变政府主导的性质。

2. 企业主导型开发模式

进入21世纪，政府主导型开发模式格局逐渐被打破。一些古镇开始尝试旅游开发的市场化运作，乌镇就是代表。

1999年，乌镇古镇保护与旅游开发工程正式启动。1999年3月，桐乡市政府发文成立“乌镇古镇保护与旅游开发管理委员会”并任命了主任、副主任。乌镇在开发东栅景区时，从资金筹集、人才招聘到市场营销，全部尝试市场化。首期工程投入1.2亿元，桐乡市政府仅以股份形式投1300万元，其成立的旅游公司，除主要领导外全部公开招聘。2001年，乌镇东栅景区正式对外开放。乌镇的古镇保护与开发取得了成功，被联合国誉为“乌镇模式”，获得联合国颁发的“2003年亚太地区遗产保护杰出成就奖”。

21世纪初，在文化遗产保护与旅游开发取得阶段性成功之后，乌镇适时调整了管理和运作模式，探索所有权、经营权与开发权的分离。乌镇旅游公司与管委会、镇党委、市旅游局不再实行主要领导兼职，而实行政企分离，政府只对古镇旅游开发进行宏观管理。

2007年初，乌镇旅游景区与国内著名旅游运营商“中青旅”实施战略合作。2007年，乌镇西栅景区对外开放，面积近3平方千米。中青旅对乌镇进行全面投资改建，并将部分居民迁出，建设后再返迁。整体来看，1999年东栅景区建设投资不足1亿元，2006年西栅景区建设投资则超过23亿元。

乌镇旅游股份有限公司在成功引进国际战略投资公司的基础上，于2010年完成了股份制改造，并以“乌镇旅游”的名义向中国证券监督管理委员会提交了上市申请。2010年7月，桐乡市委、市政府出台《关于加快乌镇旅游开发建设，积极打造国际旅游区的实施意见》，撤销原“乌镇古镇保护与旅游开发管理委员会”，建立“桐乡市乌镇国际旅游区建设管理委员会”，使乌镇文化遗产保护与旅游开发进入了新的发展阶段。

这一开发模式的主要特征有以下几个：第一，引进组织结构成熟的公司开发经营，公司通常获得古镇一段时期内的旅游经营权或者控股权，介入范围主要包括古镇遗产修复更新、游憩项目策划、旅游地产开发等。第二，政府职能是提供政策支持，不进行直接投资，不是投资主体。企业凭借古镇遗产资源，策划旅游项目，致力于遗产旅游产品开发、推介、经营和管理，建立并管理旅游地形象，努力塑造旅游品牌，吸引更多旅游者前来消费。也有一些企业介入古镇环境的改造整理及古镇各方面配套的完善。投资者自负盈亏，并上缴税收与相关费用。第三，政府的派出机构多采取管委会的形式，经营权由管委会委托给开发企业。

3. 居民主导型与居民参与型开发模式

居民主导型开发模式依赖古镇前期发展的经济发展基础，完全自给自足地发展古镇旅游。目前江南古镇没有类似的实例。

这一开发模式的特征主要表现在以下几方面：第一，文化遗产产权归国家所有，居民集体管理，行使管理权，成立旅游公司，全面负责古镇保护与开发。第二，居民以土地入股，经营家庭旅馆、地方餐饮小吃、旅游纪念品等，年终按比例分红或以提供的服务获取收入等。第三，政府提供政策保障。

与居民主导型开发模式相关联的是居民参与型开发模式。与居民主导型开发模式相比，居民参与型开发模式的投资主体是外来投资者。古镇集体以旅游资源或现金入股，与外来投资者共同组建旅游开发企业。在江南古镇中，同里古镇在后期成立了同里保护发展有限公司，其模式比较接近这种模式。

同里整个古镇都属于省级文保单位，古镇内大部分历史建筑的产权归政府所有。对于古镇里的私有建筑，政府通过相关规定来控制居民的建设行为，或者通过街巷立面整治工程对它们进行有限度的维修。古镇内大量的历史建筑（文物除外）可以由产权所有人灵活支配，或投入到市场中，或自己经营。

2000 年，同里旅游发展公司提出古民居客栈策划项目。依照规定，有接待条件的家庭或个人用房产作价或出资入股，旅游公司与古镇居民联手开发民宿，成立具有独立法人资格的民居客栈有限公司。公司统一对外招商、统筹安排住宿、统一服务标准和品牌。第一批 12 家民居客栈作为试点于 2000 年 10 月开始运营。这些民居客栈大部分是明清时的建筑，有深宅大院，也有临河傍桥的阁楼。为了鼓励居民投资，旅游公司提出对首批参与者免去第一年税收。虽然这项优惠政策最后没有落实，但是这个策划项目的成功很大地影响了居民参与旅游的积极性，使同里在后来几年中涌现出了一大批私人运作的民居客栈。

2005 年，同里政府成立了同里旅游有限责任公司（同里总公司），然后再注册成立八家子公司，面向全社会招标，请有经验有资本的投资方来承包经营，独立运作。这八家子公司分别为市场营销经营公司、车船经营公司、同里红旅游商品开发有限公司、“票导”服务公司、景区经营管理公司、旅行社、大型活动经营公司、民居客栈管理有限责任公司。这些公司实行经理负责制，“责权利”到位。为了规避承包之后的商业风险，一方面，八家子公司的法人代表都是同里总公司，一旦发现问题，可以立刻终止协议；另一方面，同里的品牌对这些子公司也有约束作用。在这种模式下，同里总公司仍然实行政企合一的运作方式，但其子公司是完全实行市场化运作。

2007 年 4 月同里镇成立同里古镇保护发展有限公司。它由政府、技术专家及专业公司共同组建。同里镇集体资产经营公司、上海同楷建筑规划设计咨询有限公司及苏州新沧浪房地产开发有限公司三个不同背景的股东组成了同里古镇保护发展有限公司的核心体系。同里镇集体资产经营公司是同里镇政府的全资公司，代表政府出面，进行直接投资。同济大学旗下的上海同楷建筑规划设计咨询有限公司是一家以历史文化遗产保护规划与设计为特长的专业化设计咨询公司，代表技术专家参与，保证了历史文化遗产保护专业技术的领先性。苏州新沧浪房地产开发有限公司则是一家古镇改造的专业化房地产企业，曾因“苏州 37 号街坊改造”“双塔影园”及“葑湄草堂”等杰作而闻名业内。同里古镇保护发展有限公司的成立代表古镇在文化遗产保护与开发上进入了公司化运作的新时期。所以，同里古镇后期的发展已经不再是政府主导型开发模式，而是转向了居民参与型开发模式。

不可否认的是，同里在鼓励居民参与开发方面付出了很大的努力。难点在于，同里镇集体资产经营公司是同里镇政府的全资公司，其代表的是政府直接投资，如何把居民集体利益凸显出来目前尚未得到有效解决。

在江南古镇旅游发展的后期，居民参与旅游开发成为一种普遍现象。王云才的研究表明，就居民参与旅游业的主要途径来看，西塘 51.9%、乌镇 44.18%和南浔 43.7%的居民参与旅游开发，主要为经营商店、开设家庭旅馆、开发古镇特色产品、出租房屋给外地人进行旅游服务等。

西塘的民居客栈大多是由居民自发筹建的。西塘居民在民居客栈管理中处于绝对主导地位，政府的管理是相对空缺的。随着旅游接待人数大幅增长，游客留宿古镇的需求不断增多，促使大量居民开始经营民宿客栈，民居客栈成为西塘旅游住宿业的主力。

乌镇的情况与其他古镇不同。乌镇所有的硬件投入都由中青旅方面承担，其有极高的管控权。古镇内客栈客房的收益全部归乌镇旅游开发公司所有，客栈经营者获得的只是餐饮收益。乌镇居民只拥有一小部分的客栈经营权。西栅景区内的建筑被大量开辟为民居客栈，古镇的居民生活方式难得一睹。从商业业态看，由乌镇旅游开发公司统一招商，本镇居民与外来商户都可以经营。商业区域的功能定位清晰且不同业态之间没有冲突，业态的数量分布较严格。对于一些薄利但具有代表性的传统产业，乌镇每年会象征性地收取3000~5000元租金甚至给予贴补，以保留传统业态，这有利于乌镇商业业态的完整与良性发展。这种做法一方面可以有效避免商户之间的恶性竞争，实现清晰分区、合理布局，商户之间不至于相互杀价。另一方面也限制了竞争，投标并非价高者得，这就造成了机会主义与“搭便车”行为，产品价格高昂，游客没有选择余地。

4. 边界混合的中间组织模式

这一模式的优势是，政府、古镇集体、居民、专业运作公司都参与开发，可以多方利用资源，既有政府与专业公司“看得见的手”调节遗产旅游市场，也有外来投资者、居民“看不见的手”调节市场。周庄、南浔、西塘目前都在向这一模式发展。

这种发展模式的主要特征有如下几方面：第一，开发主体多样。政府、古镇集体、居民、专业运作公司都参与开发。第二，地方政府不仅提供政策指导，而且通过直接投资参与开发。在股份公司中，古镇集体占有一定股份，或居控股地位（超过50%），或不居控股地位（低于50%）。第三，以专业公司的形式运作，更加专业、透明和规范。第四，居民通过土地或其他要素入股获得分红，或者开民宿或商店，参与遗产旅游开发与保护。目前这一模式代表了遗产旅游开发未来发展的一种方向，尚在积极探索之中。

南浔古镇于2000年成立了湖州南浔旅游发展有限公司，注册资本1600万元。注册时湖州市房地产开发总公司出资900万元，湖州市南浔房地产开发物业经营公司出资500万元，湖州市南浔城建发展总公司出资200万元。

2001年4月，公司开始启动修复南浔古镇工程，至2004年2月底，共投入1亿多元资金。恢复了传统的木器、丝行、米行、轿行等老字号商店，通过收购、拆除、改建、修复等，使古镇基本反映了清末民初的南浔原貌。受体制、管理权限、资金等因素影响，南浔旅游发展有限公司背负了沉重的债务，至2004年2月底，公司账面负债7170万元，自有资产经国务院国有资产监督管理委员会评估仅1800万元，已经严重资不抵债。为此，南浔区政府提出了建立“政策支持为导向，企业投入为主体，社会效益促发展”的多元化保护与开发的战略决策。2003年，上海博大投资公司和浙江湖州南浔区签订了共同开发南浔古镇的旅游合作协议，总投资23亿元。2004年4月，南浔区政府发文正式授权“浙江南浔古镇旅游发展有限公司”独家拥有30年古镇保护性开发权和旅游经营管理权，南浔区政府持有30%股份，上海博大投资公司则以70%控股。

2001年，周庄政府主导型的旅游开发模式开始转型。在国家旅游局批准周庄古镇旅游区为江苏省AAAA级旅游景区后，苏州周庄古镇旅游集团公司转变为江苏水乡周庄旅游股份有限公司。2001年4月，上海两家民营企业联合周庄本地两家民营企业参与该公司股份制改造，共同持有25%的股份，而原本独资拥有该公司的周庄镇农村集体资产经营有限公司仍持有75%的股份，为第一大股东。但另有资料显示，此后陆续有资金进入，如汇银投资就持有江苏周庄水乡旅游股份有限公司5.26%的股权。这样，注册资本为5700万元人民币的股份公司，由昆山市周庄镇农村集体资产经营有限公司、昆山市创业投资有限公司、上海汇银投资有限公司、上海云海实业股份有限公司、昆山南湖对外经济贸易公司组成，占股分别为75.44%、17.54%、5.26%、0.88%、0.88%。也就是说，政府在改制后的股份公司中占有75%以上的股份，具有控制权。其后旅游股份公司又先后成立了游客服务中心、昆山市四季周庄文化演出有限公司等分公司。

同里古镇旅游发展的后期，政府运作、联合开发、私有企业运作、个人运作以及非政府组织运作并行。政府运作的项目数量为87项，占项目总数的73.36%，投入资金6632.3万元，占项目总投资的53.40%；其次是联合开发项目，实施数量27项，占23.08%，资金投入4980万元，占40.10%；私有企业运作、个人运作及非政府组织运作的项目数量各有1项，处于辅助角色。

# 第三章
# 示范区“7+X”古镇资源调查与综合分析

## 第一节 “7+X”古镇发展资源调查和发展现状

### 一、“7+X”古镇发展资源调查体系

本书此次调研的重点并不是通过数据普查、搜集、网罗而形成浩繁卷帙的资料，而是通过建立一个完整的调研、评估和评价体系，为我们的研究结论形成有力的支撑，为研究成果的阐述构造完整的逻辑。我们形成了一套完整的调研表集，可为以后做相关规划设计工作的团队提供调研和思维逻辑方法方面的参考。

示范区古镇调研体系具体如图 3-1 所示。

#### （一）文物保护单位统计

江南水乡古镇文物保护单位记录表如表 3-1 所示。

表 3-1 ______镇江南水乡古镇物质文化遗产保护单位记录表（含计划中项目）

| 级别 | 国家级/省级/区级 | 名称 | | 位置 | |
| --- | --- | --- | --- | --- | --- |
| 类型 | | 规模 | | 年代 | |
| 功能用途 | | | 保存状况 | | |
| 主要特点简介 | | | | | |

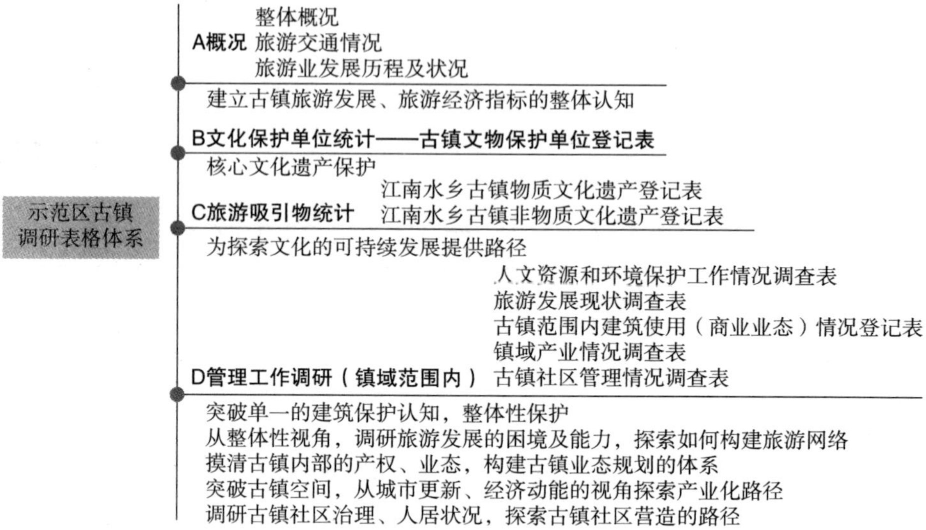


**图 3-1　示范区古镇调研体系**

## （二）旅游吸引物统计（镇域范围内）

江南水乡古镇物质文化遗产记录表和非物质文化遗产记录表如表 3-2、表 3-3 所示。

**表 3-2　______镇江南水乡古镇物质文化遗产保护单位记录表（含计划中项目）**

| 序号 | 景点类型 | 具体类别 | 名录（景点名称、旅游项目） |
|---|---|---|---|
| 1 | 自然景点 | 自然保护区、湿地、野生动植物保护地、运河、山岳等 | |
| 2 | 科技景点 | 科技博物馆、科学中心、可参观的产业园区 | |
| 3 | 第一产业景点 | 农场、农业博物院、养殖场等 | |
| 4 | 手工业中心和作坊 | 陶瓷、雕塑、木雕、玻璃工艺、丝绸、饰品等手工艺品 | |
| 5 | 制造中心 | 陶瓷厂、酿造厂、啤酒厂、果汁厂、工业历史博物馆 | |

续表

| 序号 | 景点类型 | 具体类别 | 名录（景点名称、旅游项目） |
|---|---|---|---|
| 6 | 交通景点 | 交通博物馆、铁路、运河、船坞码头、汽车博物馆等 | |
| 7 | 社会文化景点 | 史前遗址、历史遗迹、家具博物馆、童年博物馆、服饰博物馆、玩具博物馆等 | |
| 8 | 与历史人物相关景点 | 著名作家、画家、政治家等相关的故居、地点、景点、建筑等 | |
| 9 | 表演艺术景点 | 剧院、表演中心、曲艺、马戏团等 | |
| 10 | 娱乐花园 | 观赏植物花园、仿古花园、植物园、模型村、迷你园艺等 | |
| 11 | 主题公园 | 怀旧公园、历史探险公园、神话公园等 | |
| 12 | 美术馆 | 艺术和雕塑馆 | |
| 13 | 节假日与节庆活动 | 古代集市、各类节假日、再现历史活动、乡村节日等 | |
| 14 | 豪宅与故居 | 乡间大宅、庄园、古堡等 | |
| 15 | 宗教景点 | 寺庙、教堂、道观、神祀等 | |
| 16 | 军事景点 | 古战场、战役遗址、军用机场、军事博物馆 | |
| 17 | 种族大屠杀纪念碑 | 与种族灭绝或大屠杀相关的遗址等 | |
| 18 | 城镇风景 | 历史中心、建筑群、店铺、怀旧景观等 | |
| 19 | 村庄 | 田园景观、乡土集市、香汛、庙会等 | |

注：此表采用戴伦·蒂莫西划分方法。

**表 3-3　______镇江南水乡古镇非物质文化遗产记录表**

| 序号 | 类型 | 具体类别 | 名录 | 传承人或相关资料 |
|---|---|---|---|---|
| 1 | 实体类 | 传统美术 | | |
| | | 传统技艺 | | |
| 2 | 活动艺术类 | 民间文学 | | |
| | | 传统音乐 | | |
| | | 传统舞蹈 | | |
| | | 传统戏剧 | | |
| | | 曲艺 | | |

续表

| 序号 | 类型 | 具体类别 | 名录 | 传承人或相关资料 |
|---|---|---|---|---|
| 3 | 知识实践类 | 传统医药 | | |
| | | | | |
| 4 | 文化空间类 | 民俗 | | |

## （三）管理工作调研（镇域范围内）

### 1. 商业业态情况记录

江南水乡古镇商业业态情况记录表如表 3-4 所示。

**表 3-4　______镇古镇范围内主要建筑使用（商业业态）情况记录表**

| 建筑编号 | | 位置 | | 年代 |
|---|---|---|---|---|
| 房屋产权归属 | （）个人<br>（）集体<br>（）企业<br>（）政府 | | | |
| 产权是否可以变更 | | 是否可以做商业 | | |
| 目前业态 | 空置、民居、景点、场馆、餐馆、住宿、其他 | | | |
| 业态运营方 | （）个人<br>（）集体______<br>（）企业______<br>（）政府______ | | | |
| 业态运营方获取建筑空间使用的方式 | （）租赁<br>（）自持<br>（）其他______ | | | |

### 2. 产业发展情况调查

江南水乡古镇产业发展情况调查表如表 3-5 所示。

**表 3-5　______镇产业发展情况调查表**

| 上年经济收入（万元） | | 三产比例 | |
|---|---|---|---|
| 纳税金额（万元） | | 居民人均收入（元） | |
| 1. 产业情况 | | | |

续表

| | | | |
|---|---|---|---|
| 上年经济收入（万元） | | 三产比例 | |
| 第一产业整体情况 | | | |
| 第二产业整体情况 | | | |
| 第三产业整体情况 | | | |
| 2. 创新产业 | | | |
| 产业扶持情况 | | | |
| 创新产业机制 | | | |
| 创新产业 | | 创新产业代表企业 | |
| 本地诉求 | | | |

3. 社区管理情况调查

江南水乡古镇社区管理情况调查表如表 3-6 所示。

**表 3-6 ______镇古镇社区管理情况调查表**

| | | | |
|---|---|---|---|
| 古镇居民人口数量（万） | | 古镇经济收入（万元） | |
| 古镇本地居民人口数量（万） | | 古镇外来居民人口数量（万） | |
| 古镇支柱产业 | | 古镇支柱产业收入（万元） | |
| 1. 古镇居民人口基本情况 | | | |
| 古镇本地居民人口年龄构成情况 | | | |
| 古镇本地居民人口职业构成情况 | | | |
| 古镇外地居民人口职业构成情况 | | | |
| 古镇本、外地人口年龄构成情况 | | | |
| 2. 本地居民社区参与 | | | |
| 本地居民参与社区管理的意愿 | | | |
| 本地居民参与社区管理方式 | ( ) 有参与<br>( ) 无参与 | 参与方式 | ( ) 古镇投资方<br>( ) 古镇管理方<br>( ) 古镇运营方<br>( ) 古镇文旅企业员工<br>( ) 古镇商业经营者<br>( ) 其他______ |
| 本地居民在社区管理中的诉求 | | | |
| 古镇创新产业 | | 社区参与创新产业的情况 | |

## 二、“7+X”古镇发展现状综合分析

“7+X”古镇的发展状况具体如表 3-7 所示。

表 3-7 “7+X”古镇发展状况分析

| 古镇名称 | 朱家角 | 金泽 | 练塘 |
| --- | --- | --- | --- |
| 管理机制 | 1. 预约制度。朱家角古镇实施封闭式管理，游客通过预约才能进入古镇区域<br>2. 项目托管。具体景点的管理和运营由旅游公司负责，整体景区管理由朱家角镇政府下属的景区管理办公室负责。旅游公司挂靠在朱家角镇政府之下，与景区管理办公室同一等级 | 1. 发展便捷绿色的交通体系、优质的公共服务、先进的信息基础设施，更好地实现社会环境共治<br>2. 深入落实与复旦大学全面战略合作，加快推进复旦大学第五校区建设<br>3. 加快推进金泽镇区、西岑社区及淀山湖周边空间腾退，结合“城中村”改造、农民集中居住等政策，深化细化方案。提升乡村振兴空间品质，积极融入长三角一体化发展 | 以“美丽乡村”创建为载体，围绕“清理整治、腾挪空间、补齐短板、发展生态”的总体思路，以改革创新为主线，以加快转变经济发展方式为重点，以保障和改善民生为根本，以统筹城乡发展为抓手，以增强社会治理能力为关键 |
| 文化传承 | 1. 筑巢引凤，突出文化特色。充分发挥名人效应，提升古镇文化品位<br>2. 以节造势，打造古镇品牌。为进一步提升朱家角古镇的知名度，结合古镇特色，举办了各种各样的特色节庆活动，以节造势，打造朱家角古镇旅游品牌<br>3. 深挖民俗，打造文化精品。在旅游开发的过程中，对水乡特有的农耕文化、古镇历史沿袭下来的手工艺，以及水乡风情习俗等传统文化资源进行整合，打造了一个个文化精品<br>4. 加强资源整合，实现联动发展，逐步形成商旅文相结合的产业链 | 划定历史文化风貌保护区。金泽镇文化保护控制线范围面积为 1.93 平方千米，其中历史文化风貌区保护范围面积 0.518 平方千米。保护范围内一切建设活动必须符合规划要求，保护范围周边建筑的性质、高度、体量和色彩必须严格控制 | 1. 划定历史文化风貌保护区。练塘镇文化保护控制线范围面积为 4.43 平方千米，其中历史文化风貌区保护范围面积 0.59 平方千米。保护范围内一切建设活动必须符合规划要求，保护范围周边建筑的性质、高度、体量和色彩必须严格控制<br>2. 加强古镇风貌保护，尽快修复被拆除的古镇建筑，提升练塘古镇的旅游品质 |

续表

| 古镇名称 | 朱家角 | 金泽 | 练塘 |
| --- | --- | --- | --- |
| 生态保护 | 划定三类生态空间和四类生态空间，作为生态保护重要区域，以生态维护为重点，作为限建区，禁止一般开发建设，控制线性工程、市政基础设施和独立型特殊建设项目用地 | 1. 生态治理，走绿色发展之路。金泽镇正紧紧围绕长三角一体化发展的要求，着力优化自然生态环境，加快补齐短板，凝聚振兴发展强大合力，树立起生态绿色发展的新标杆<br>2. 金泽镇重点聚焦三大整治，扎实推进人居环境、生态环境和公共安全综合治理，实现整治横向到边、纵向到底，以更好的生态优势服务长三角一体化国家战略，使得全镇呈现出“更有序、更安全、更干净”的面貌<br>3. 推进生态治理工作，整合职能部门，全面统筹，加强现状排摸和梳理。加快推进产业结构调整转型、建设用地减量化及二级水源保护区清拆等工作，不断优化空间结构，坚决守牢发展和生态两条底线，为一体化示范区建设发展打下扎实基础 | 1. 综合整治。以土地整治为核心内容，结合万亩粮田小农水项目，通过开展田、水、路、林、村等农村土地要素在功能和形态上的综合整治，推进农业生产规模经营等多重目标，实现生态景观走廊的全线贯通<br>2. 全面建立“河长制”，提升河道管理能级 |
| 社区发展 | 部分本地居民经济上获益。一种是参与到旅游经济中去，通过开饭店、纪念品商店等营利性行为获利；另一种是房地产方面的获利，即通过出售或出租房产获益 | 乡村振兴，百姓切实得到实惠：<br>1. 莲湖村成功创建了市级乡村振兴示范村，老百姓收获了幸福感和满意度。目前，金泽镇正持续深化莲湖村乡村振兴示范村建设，特别依托莲湖村身处郊野公园、毗邻红柚园的区位优势，培育特色农业，重点发展“一粒米、一条鱼、一颗果”工程大力发展“互联网+”农业，与自在青西、叮咚买菜等合作，拓宽农产品销售渠道，实现产业联动；以宅基地委托流转为契机，持续开展产业对接，引进一批优秀文创与旅游产业，以产业振兴促进农民增收<br>2. 金泽镇以莲湖、蔡浜、东西等美丽乡村为核心，带动周边区域，通过做好特色农业规划，打造特色农业品牌，引进龙头农业企业，发展科技、品牌和“互联网+”模式，以点带面，努力将金泽全域建设成为产业生态高效、环境优美宜居的新农村 | 百姓积极参与创建国家卫生城市、环境整治工作 |

续表

| 古镇名称 | 朱家角 | 金泽 | 练塘 |
|---|---|---|---|
| 文旅品牌 | 1. 成熟的音乐嘉年华品牌——朱家角水乡音乐节<br>2. 文化演出项目：《水乐堂·天顶上的一滴水》和实景园林昆曲表演《牡丹亭》<br>3. 计划打造开放型的高端养老社区“逸浦荟”，近 850 套公寓可容纳约 1300 名长者。预计 2021 年迎来首批居民 | 1. 华为研发中心落户金泽，将彻底改变金泽地区的产业创新生态，并有望联动周边区域打造上海西部科创中心的核心承载区，成为辐射带动整个一体化示范区的产业创新“神经中枢”<br>2. 结合“蓝色珠链”产业布局，盘整周边资源，金泽以“湖+X”的理念在该区域布局休闲康体、文化体育、创新经济、绿色经济等高端产业，形成“湖+古镇”“湖+湿地”“湖+乡村”“湖+人居”“湖+科创”的错位发展布局，构建创新经济、绿色经济的产业集聚地 | 茭白节是练塘古镇举办的红色古镇旅游文化节，汇聚了来自江浙沪三地的以及练塘当地的美食和农户的农副产品，以及名、特、优产品，通过“茭白主题馆”，展现现代农村利用现代科技培育出的优质农副产品外，还特别设立“青浦馆”“浙江馆”“羊毛衫馆”“美食馆”，让生活在繁闹都市的人们能够购买到农家最生态、最新鲜、最时令的农副产品 |

| 古镇名称 | 西塘 | 黎里 | 同里 |
|---|---|---|---|
| 管理机制 | 西塘在 1996 年成立了古镇保护管理委员会，同年又成立了西塘旅游文化发展有限公司。在企业性质上，旅游公司是一家隶属于西塘镇政府的乡镇集体企业，是典型的政企合一体制。在资金方面，旅游公司的起步资金完全由政府投入，而且其运作和发展一直依赖镇政府在政策和资金上的照顾。因此旅游公司表面上是独立核算，实际上完全是镇政府在运作 | 精细化管理。保留古镇原有风貌的同时，全力提升游客的舒适度、满意度，满足居民对美好生活的向往 | 政企合作型，开放部分经营权。同里古镇由政府成立同里旅游公司，由其再注册成立八家子公司，面向全社会招标，请有经验有资本的投资方来承包经营，独立运作，总公司负责制定方针、宏观把握。八家子公司分别为市场营销经营公司、车船经营公司、同里红旅游商品开发公司、“票导”服务公司、景区经营管理公司、旅行社、大型活动经营公司、民居客栈管理有限责任公司 |

续表

| 古镇名称 | 西塘 | 黎里 | 同里 |
|---|---|---|---|
| 文化传承 | 1. 以开发式的保护为策略，加大古镇保护建设力度<br>2. 在继承传统古典文化时，通过不断融合现代元素，使西塘古镇既保持怀旧情怀，又富有创新和进取的激情。在新城开发中，创新设计融合古典和现代风格的新式建筑，创造传统与现代有机结合的、样式精美的现代城镇<br>3. 在保护古镇建筑等物质文化的同时，注重对民俗风情等非物质文化的保护。在非物质文化的保护方面，西塘古镇走的是一条抢救性挖掘整理之路 | 研学旅游延续古韵人文。黎里古镇秉承差异化发展思路，融合当地历史、民俗等文化资源，结合学生暑期游、寒假游、周末游等需求设计一系列研学产品，打造非遗传承、民俗体验等特色课程，通过研学旅行推广文化旅游资源，正逐步形成自身的特色 | 1. 政企联合，修复古镇。从摸清家底入手，邀请同济大学和省、市建设、文化部门的有关专家一起对全镇的历史街区、传统民居和文物古迹开展较全面、系统的调查，摸清文物古迹的保护状况，确立镇域、历史镇区、历史文化街区、各类物质与非物质文化遗产四个层面的保护体系，按照“修旧如旧，整旧如古”的原则，有步骤地修复古镇<br>2. 园内融入科技元素，游客可以在没有导游的情况下自行了解古镇的历史和故事，这是对古建筑文化的一种传承 |
| 生态保护 | 西塘将生态保护和生态修复作为工作重心，聚焦“生态+旅游+科创”，坚决守住生态底线 | 开展古镇水生态系统修复工作，在揽桥荡生态公园围合部分水域，恢复华东地区原生湿地生物多样性的试点。向试点水域逐步引回浮游动物、底栖动物、鱼类等原生动物，通过恢复一个完整的湿地食物网，修复古镇绿地水体的自净功能 | 1. 同里古镇保护委员会开展生态水环境治理，用高科技服务生态水环境改善，引进超磁生化水体净化系统<br>2. 2006年获“中国人居环境范例奖”，2012年荣获联合国人居署“迪拜国际改善居住环境最佳范例奖” |

续表

| 古镇名称 | 西塘 | 黎里 | 同里 |
| --- | --- | --- | --- |
| 社区发展 | 原住民+新居民：<br>1. 西塘古镇是一座社区型的景区，原住民的生活起居和景区管理运行密切相关。西塘拒绝走“迁民出城”的老路，而是原汁原味地保留了古镇的生活氛围，展现了未经破坏的原生态气息，使古镇的生活成为独一无二的旅游资源<br>2. 通过政治融合、功能融合、定位融合的“三融合”工作法，实现新居民生活与生产的同步管理；通过优秀新居民列席制，实现了双向进入、政治融合 | 古镇开发时，以宜居、宜业、宜旅为先后顺序，首要目标就是惠民，90%以上的商铺都由当地人经营 | 1. 古镇保护公司秉持古镇保护与发展就是为了造福当地百姓的理念，不搞大面积动迁，只希望通过市场调节，改善同里生活和经营的状态，打造唯美的生活理念，让同里百姓更好地享受生活<br>2. 景社融合治理模式。以“景区社区共建、和谐环境共创、幸福家园共享”为目标，引导古镇居民爱护古镇、维护景区，使其真正支持旅游、参与旅游、服务旅游，让“景社合一”的同里模式发挥更大的效应，让商家、居民从旅游中获得更大的收益 |
| 文旅品牌 | 1. 西塘汉服文化周：以中华传统服饰文化、礼仪文化的弘扬及传承为根本目的，是中华传统服饰和传统礼仪文化大规模的呈现<br>2. 西塘宋城演艺谷项目充分融入西塘“吴越文化、江南建筑文化、水乡商贸文化、水乡习俗文化”等人文历史和文化特色，打造大型歌舞《吴越千古情》，推动古镇旅游与文化演艺的互融互补 | 1. 着力打造研学游，叫响“心里·梦里·黎里”微旅行品牌<br>2. 打造研学小院模式：通过打造民宿+研学小院两个功能性不同的项目，实现黎里旅创空间概念，以匹配黎里气质的全年小活动，引流专家学者、摄影团体、写生团体、中小学、亲子家庭 | 1. 智慧同里：同里景区从传统的“人工化管理”大步迈进“智慧化管理”，经过前期的调研与论证，分三个阶段陆续推进智慧化景区建设<br>2. “同里之春”国际旅游节自 1997 年开幕，至今已成功举办二十三届，成为向全世界展示千年古镇风采的一个窗口<br>3. 同里自然有故事——千年古镇品牌转型，立足游客的体验感，提炼园林古建、休闲娱乐、乡野生态、美食购物、民俗风情五大核心吸引物，用全新的表述，品牌化包装旅游产品体系，让游客在同里体验园林有雅事、良辰有美事、乡野有趣事、舌尖有妙事、水乡有韵事 |

续表

| 古镇名称 | 震泽 | 天凝 | 姚庄 |
| --- | --- | --- | --- |
| 管理机制 | 政企融合、共建共享，推动产业发展。如：太湖雪和震泽镇共建蚕桑园 | 城镇全域化管理：在嘉善县天凝镇的河道管理、农贸市场监管、集镇和农村交界部位的治安巡逻以及食品安全检查、工商辅助监管等方面，保利物业通过城镇全域化服务管理模式，构建起统一的服务标准，全方位配合政府做好服务管理工作，建立起了环境治理的长效机制 | 转变运作模式、推动城市设施长效运作，转变管理方式、推动城镇精细管理，转变政府职能、推动政府购买服务 |
| 文化传承 | 1. 保护性开发，这里的民居建筑仍保留明清时期的宅院风格<br>2. 引进非物质文化遗产传承项目<br>3. 开放桑蚕和丝绸文化产业园、农机具博物馆等文化场所，供游客学习桑蝉、丝纺、耕种文化 | 1. 遵循保护遗产本体及历史环境的真实性，保护历史风貌的完整性和保护利用的可持续性的原则<br>2. 坚持保护为主、合理利用、改善环境、有效管理的原则，继承和弘扬地方传统文化 | 开展非物质文化遗产保护工作，以非遗体验街等形式使全民共享非遗文化 |
| 生态保护 | 1.《吴江震泽镇总体规划（2013—2030 年）》指出，城镇空间形成“一带三片”的布局结构。一带为“东北部生态保育带”，三片分别为“北部生态农业片区”“西南部生态农业片区”和“城镇片区”<br>2. 通过“掌上治水”智慧平台，使河长责任明确化，工作显性化，老百姓能起到“民间河长”的作用，进行民间监督 | 坚持践行“两山”理论不动摇，全力擦亮生态底色。具体做法：<br>1. 全力补齐生态短板。高标准整改各级生态环境曝光问题，严格落实生态保护责任制，坚决打赢污染防治攻坚战<br>2. 全域开展环境保护。积极推动长三角生态绿色一体化发展示范区体制机制创新，开展水、气、固废等生态环境领域共保联治<br>3. 全面严格环保执法。紧紧围绕污染防治攻坚战，进一步加强企业环保设施建设，加大企业环保普法宣传力度，压实环保主体责任 | 1. 生态修复，有效提升河道水质。大力推进河湖清淤、生态修复、水源地保护<br>2. 水岸同治，着力改善河道面貌。开展城乡环境整治，深化美丽乡村建设，推广农村生活垃圾分类<br>3. 常态管理，完善机制强化监督。深化河长制落实，加强对河道水质的考核督查，优化智慧平台建设，实时查看水质监测数据 |

续表

| 古镇名称 | 震泽 | 天凝 | 姚庄 |
|---|---|---|---|
| 社区发展 | 1. 通过启用公益“青阅空间”、开展震泽读书节活动，切实提高广大群众的文明素养<br>2. 在古镇保护开发过程中，震泽遵循“百姓的古镇”“发展旅游不能影响居民生活”的原则广泛征求意见，充分吸纳金点子，不仅让古镇居民分享到了旅游发展带来的红利，更让他们得到文化和精神上的富足 | 地方景观、当地传统产业和居民生活方式被视作古镇传统文化体系的组成部分，它们组成一个整体，表现在社区中 | 使村民自觉参与美丽乡村建设，大力推进生态建设与文明创建融合发展 |
| 文旅品牌 | 1. 丝绸品：震泽凭借其丝绸优势，成功入选中国特色小镇。经过多年发展，震泽已聚集太湖雪、慈云、山水、丝立方、辑里等为代表的上百家丝绸企业，形成“金花领衔、小花紧跟、百花齐放”的良好发展格局，拥有种桑养蚕、煮茧缫丝到织服成被的完整产业链<br>2. 震泽旅游文化节，是震泽人对传统的一份执着，对丝绸文化的一份坚守，更是一份浓浓的震泽乡愁 | 围绕雪菜、葡萄等特色农业产业，大力发展效益农业，推动了农民的增产增收。这两大特色产业已成为天凝镇农业支柱产业，也是天凝镇的两张农业名片 | 文化遗产日活动：姚庄拥有包括田歌、农民画、糖豆制作、唢呐吹奏等在内的县级非物质文化遗产21项，马灯舞、剪纸市级非物质文化遗产2项，以及1项省级非物质文化遗产——嘉善淡水渔俗、1项国家级非物质文化遗产——嘉善田歌，非物质文化遗产的传承、保护工作取得了明显成效。且传承且创新。姚庄镇文化站将现代音乐元素注入传统田歌中，创作出一批新田歌，将嘉善特色非物质文化遗产品牌项目与时尚的说唱艺术形式相结合，使嘉善田歌焕发了新的生命力。如《搡水草》《开秧门》等田歌多次登上省级舞台进行演出 |

续表

| 古镇名称 | 乌镇 | 绍兴 |
|---|---|---|
| 管理机制 | 乌镇旅游股份有限公司独家负责景区内的建设、日常经营及管理工作，政府和管委会只起到了辅助和监督作用。在景区建设方面，乌镇旅游股份有限公司设定了一致目标，整体规划，将与规划不符的单位搬出景区，拆除不和谐建筑，修复问题建筑，添补缺失的功能，增加现代设施，使其整体风貌符合江南古镇的特点；在景区经营方面，公司设置严格的规定，对外出租的门店经营内容和风格必须符合规定，门店经营产品的质量和价格也必须符合要求，公司会对景区内的门店实施考核和检查，对违规门店进行惩罚 | 成立历史文化名城保护办公室，为市政府派出机构，委托古城所在地越城区政府管理，将负责绍兴古城保护利用与监督管理、统筹推进古城“文商旅”融合发展及历史文化名城保护委员会的日常工作 |
| 文化传承 | 1. 乌镇严格遵循“修旧如故，以旧修旧”原则，在东栅景区进行“原真性保护与开发”，不仅保留大批历史街区、建筑的格局风貌和自然环境，更原色保存原住居民的生活状态，给游客展示出一个完整、还原度极高的历史文化名镇<br>2. 建筑为形、文化为魂。为避免模仿克隆，乌镇把开发历史文化资源和打造旅游品牌相结合，凸显乌镇特有的文化个性，展示水乡特有的民俗风情，提高乌镇的知名度，提升乌镇的文化品位。比如，一年一度的乌镇戏剧节加强了乌镇与国际的戏剧交流，发展和繁荣了国内戏剧文化，有助于实现江南小镇的文化复兴 | 1. 按照“修旧如旧”的原则，历史街区的修复基本上使用旧材料。修缮强调“风貌协调”，门窗及细部按原样用旧材，立面维修用旧青砖，墙面涂刷用纸筋灰，所有屋柱石墩全是旧的，历史街区范围内的河岸全部用年代久远的压口石来驳坎。同时，拆除不符合故里风貌的建筑<br>2. 串联各种重要文化遗存及其周围区域，并着力体现出区域内不同文化的梯度布局和变化过渡，营造出若干个保存相对完好并有一定规模的历史文化区域，使之由原先的“文物大树”拓展为“文化森林”。追求的是城市整体的文化价值的保护和可持续发展，以实现全城保护的目的<br>3. 为民俗风情提供展示的场所，为激活和传承非物质文化提供物质平台，以留住古城的根，保住古城的魂 |

续表

| 古镇名称 | 乌镇 | 绍兴 |
| --- | --- | --- |
| 生态保护 | 加强河道保洁管理<br>开展清淤和水系环通<br>推进生态景观建设<br>推进水利设施建设<br>提升河道整治水平 | 出台《绍兴古城保护利用条例》，规定：<br>1. 实行河道日常保洁，定期开展河道清淤，保持河道活水畅流，改善河道水质<br>2. 除依法批准的基础设施和公共服务设施建设外，不得在府山、塔山、蕺山等山体范围内进行与古城保护无关的生产和开发活动，不得侵占、破坏山体，不得擅自砍伐林木，不得倾倒、堆放污染物 |
| 社区发展 | 乌镇在改善历史建筑的居住质量上实现了突破性升级。对西栅涉及的八万平方米民居居住格局和居住功能进行全方位修缮改造，从而更好地为社区居民所利用。古镇街区在电力、自来水、天然气配置，垃圾处理，消防管理，环境整治等方面甚至超越了现代小区的居住标准，但民居内的家具、电话、装饰等仍保持古镇特色，这些做法反映出中国古镇在保护理念和实践上大大提升一步 | 1. 强调原汁原味的保护、原模原样的恢复、有根据的重建、有脉有络的创新，拆除危房、陋屋，按原样重建，提高居民生活环境。疏散街区内部分人口，增加用地或开敞空间，减轻古城基础设施负担<br>2. 利用腾空房屋增设工场和商贸设施，经营绍兴传统工艺品、地方名特产品和酒店、茶楼，留住了城市的物质实体和居民的生活习惯，使传统与时尚对接、生活与文化融合<br>3. 坚持以人为本，让保护成果惠及所有居民。在开展较大规模的环境整治、民居修缮中，把改善基础设施条件当作重点项目来抓<br>4. 在营造良好生活环境的同时，搬迁古城内的工厂企业，外移行政办公、文化、体育等市级功能，减轻了古城基础设施的负担，使过重的交通压力得到缓解，过紧的环境压力得以宽松。通过生态修复，改善了街区条件，配套了服务设施，优化了古城景观 |
| 文旅品牌 | 1. 乌镇戏剧节，由陈向宏与戏剧界大咖黄磊、赖声川、孟京辉共同发起，得到国内外许多艺术家、专家的喜爱和认可<br>2. 2014 年，“世界互联网大会・乌镇峰会”永久落户乌镇，旅游公司投资 10 亿元建设互联网会展中心<br>3. 巨匠归乡：木心美术馆<br>4. 乌镇国际未来视觉艺术计划 | 1. 乌篷社戏：为重现绍兴社戏风情，在东湖乌篷船区内搭台唱戏，游客可乘坐乌篷小船，悠然东湖水面之上，体验浓浓水乡风情<br>2. 绍兴夜间最经典的旅游项目“沈园之夜”古典夜游，展示了一个充满人文、古典、艺术、动感的文化夜宴 |

# 第二节 “7+X”古镇发展存在的问题

## 一、城镇职能转变，功能逐渐单一化

城镇作为一个完整的社区，其街市中容纳了各种商业店肆和手工业作坊。这些市镇，是为了适应商品经济发展的需要而兴起并趋向繁荣的。纵观大部分古镇的发展，在职能上，其渐渐由一个历史上的商业集市兼具居住功能的综合性区域向单一的旅游职能乡镇转变，似乎各个方面都在为旅游开发而服务，并衍生出一系列旅游商贸型商业业态。古镇保护限制了居住条件的发展，使古镇居民流失严重，从而导致古镇的居住功能更加类似服务于旅游的副功能。旅游成为古镇的龙头产业，导致古镇逐渐演变成一个纯粹的旅游景点。

## 二、古镇社区老龄化现象严重

古镇的保护限制，使其发展受限，导致古镇中的一些年轻人渐渐搬离这里而进入新的城镇中心，老年人成为古镇的主要人口，古镇人口老龄化逐渐加重。这使古镇不再具有青春朝气，也难以再称为一个完整的古镇。

## 三、过度商业化严重影响古镇可持续发展

过度商业化的发展模式使得古镇自然和人文环境逐渐恶化，产品雷同引起旅游观光者的审美疲劳，古镇吸引力下降。首先，开发后的古镇需迎合大量游客的商业需求，导致古镇内部建筑遭到不同程度的破坏，从而进一步使古镇的文化氛围遭到破坏；其次，古镇内部商铺经营的内容单一重复，旅游产品同质化严重，项目和活动雷同，缺乏文化特色；再次，巨大的人流量和不规范的商铺造成了古镇内部的生态环境恶化；最后，过度商业化开发给古镇带来直接经济效益，但也拉大贫富差距，造成周边物价、房价上涨。以上过度商业化问题都在不同程度上阻碍了古镇旅游业的可持续发展。

### 四、外来文化入侵引发本地文化生存危机

为了更大程度地吸引游客，部分古镇旅游业的发展简单地转向现代高雅艺术，推出精心装饰的文化馆和精品店，甚至引进了咖啡馆等国外文化元素，这种对本地传统文化要素置之不顾进行招商引资的做法，势必会引起本土文化的生存危机。而过分注重引进有实力的商家，相对地减少当地居民的商铺数量，也势必会引起当地居民的不满，突出社会矛盾。

### 五、城镇化水平较低，公共设施不足

古镇产业用地规模小、积聚度相对较低，由于缺乏工业化推动，城镇化水平也较低，农业人口较分散。目前住宅开发凌乱，环湖公共资源被私人占用，用地整合较困难。公共设施规模小且分布不均，不能满足游客和居民的生活需求。

### 六、古镇文化挖掘不够深入

古建筑的文脉并未凸显。虽然古镇中的建筑群保存完好，江南风俗也保留较好，体现了平安悠长的生态意象，但无论是建筑还是房屋所有者的社会影响都没有得到体现，古镇只是对历史建筑进行展览，并未进一步修复开发，展现古镇的历史文化对游客吸引力不大。

## 第三节　“7+X”古镇发展经验借鉴

### 一、管理机制：明确管理主体，厘清管理体制

城市周边景区的管理离不开政府的直接参与，朱家角实行的景点由政府托管的方式就很好，有利于政府对旅游景点的规范管理。政府可以与企业合作委托其管理景区，自身加强对企业的监督，一旦出现问题，可以选择终止合约，

选择更加合适的企业对景区进行经营管理。政府和企业联手管理的形式，可以充分发挥出双方的优势，有效提升景区的管理质量，使景区发展实现最佳效果。因地制宜地设置旅游行政管理机构，有利于旅游行政机构协调各职能部门的关系、加强相互合作、快速解决问题，促进景区发展。

## 二、文化传承：活着的文化最有价值

古镇及古镇文化是在漫长的历史发展过程中形成的，古镇是历史的见证，古镇文化既包括建筑装修、服饰头饰、工艺等物质文化，也包括民风民俗、技艺、生活习惯等非物质文化。博物馆、纪念馆是古镇文脉延续的见证和文脉传承的基地，应该成为古镇的标配。古镇可利用节庆活动、文化演艺多展示地方传统民俗，吸引年轻人学习传承，这样才能让文化记忆、文化传统根植大地，永不被遗忘。

近年来，黎里古镇挖掘历史、民俗等文化资源，研发出非物质文化传承、民俗体验等课程，开展了一系列研学活动。在六悦博物馆体验传统工艺；在锡器博物馆感受锡文化；在徐悲鸿艺术馆学习书画、刺绣等传统艺术……尽显黎里古镇的古韵今风。

## 三、生态保护：环境是一切工作的基础

古镇以其优美的环境、原始的风貌、浓厚的文化底蕴和保存完好的历史遗迹吸引了很多游客。随着古镇城镇化的加快和游客的大量涌入，环境卫生和水质保护成为突出的两个问题。

迪士尼在生态环境保护方面的举措较为成熟，巴黎迪士尼首建废水处理与回收系统，奥兰多迪士尼开发大规模太阳能装置，上海迪士尼回收废热。好莱坞环球影城、珠海长隆海洋王国、常州恐龙园等国内外主题公园，每隔几十米甚至几米距离就放置醒目的垃圾桶，部分还是具有鲜明色彩或文化符号的分类垃圾桶，将扔垃圾和保护环境打造成为另外一种趣味性的游览体验。

## 四、社区发展：古镇归根结底是人居社区

活态古镇必须是有居民居住的古镇，生产区、生活区、旅游区“三位一

体”的矛盾将伴随古镇生命周期全过程。社区是古镇的基本社会单元，古镇社区良性循环是古镇旅游可持续发展的重要保证。政府的机制构建对居民参与古镇旅游发展具有积极作用，要让社区居民真正参与古镇旅游的发展，政府必须提高居民个人的参与决策权，从主导、强行干预向为社区居民服务转变。在新时代，政府需要突破历史和现实的局限，逐步淡化公共权力的政治色彩，下放权力，为社区旅游发展引导者积极创造条件。

## 五、文旅品牌：文化为魂，成就精品

在文化为魂、旅游为体、内容为王的旅游新时代，古镇以丰富的文化内涵、独特的创意、多元的旅游内容、丰富的旅游产品成为了文旅项目大 IP。古镇旅游开发，要处理好地方特色文化开发、利用与保护之间的关系，既要充分挖掘地方特色文化，又要与时代发展相结合，通过创新开发、创意化打造，使地方特色文化得到保护与发展。

品牌是古镇旅游中能够让游客放慢脚步停下来消费的项目，能够代表地方文化的特色工艺品、纪念品、旅游演艺、小吃、民宿等都可以成为品牌。要保护和传承有文化底蕴的、有特色的、有影响力的业态，提档升级，培育和扶植代表地方民风民俗、非遗文化的品牌，挖掘历史文化资源，利用合适的业态形式来展现和传播，做到传统与现代的吻合，同时要清理淘汰不符合古镇形态的业态模式，打造符合古镇文化底蕴的、有利于古镇可持续发展的文旅品牌。

# 第四章
# 示范区“7+X”古镇价值评价体系

## 第一节　示范区古镇的价值

江南古镇的遗产价值在于其具有高文化意义、群体识别性意义、思想性意义、情感意义。江南古镇的高文化意义在于，其历史描述了在时间与空间双重维度上都远离现代人的文化规则，涉及考古学、人类学、历史学、艺术史及语言史等学科。江南水乡民居及其聚落形态直接地反映了各个时期人类的衣食住行等生活状况与经济体制、生产力及生产关系等社会状况，无疑是社会历史的活化石。例如，江南古镇的院宅以木结构厅堂式住宅为多，天井、穿堂、院落、水池都是必备要素，这与江南潮湿的气候有关，也与水文化有关，厅堂的主次、序位的前后、主客的区分、主仆的隔离、男女的差别，都反映了某个时代的伦理思想及意识形态，对历史学、建筑学和经济学来说，都具有巨大的高文化意义。再如，金泽镇的庙会，与改革开放以后各地政府推动的有会无庙的庙会完全不同，保留了明清和民国时期的庙会风格，是一种以进香为主、集市贸易为辅的祭祀活动。金泽镇民称自己的庙会为香汛。金泽镇沿袭了明清时期春秋两祭的习俗——“廿八香汛”和“重阳香汛”。

文化遗产由一系列文化符号系统构成，既有保护价值又有通过现代数字技术、视觉艺术等进行利用、开发和文化发掘与呈现的价值。古镇是一种多要素的文化表征，即代表整个市镇形象的象征性符号系统，包括有形的建筑艺术、民间美术、生产工具和生活用品，无形的风土人情、生活习俗、老地名、老故事等。

历史见证、文化遗存对当代人们具有重要的教育意义、传承意义。彰显地方特性，在当前古镇日趋雷同、丧失个性、全球化竞争激烈的背景下显得尤为重要。古镇是活着的古镇，是持续性的景观，在当今社会与传统生活方式的密切交融中持续扮演着一种积极的社会角色。

## 一、使用价值

古镇的使用价值，体现了人类认识和利用资源的理念在不同的经济发展阶段的转变。随着文化复兴的推进，古镇的稀缺性特征直接为人们提供了经济收益，例如发展旅游业获得收益。《国务院关于加快发展旅游业的意见》提出："在妥善保护自然生态、原居环境和历史文化遗存的前提下，合理利用民族村寨、古村古镇，建设特色景观旅游村镇。"

例如，西塘客栈分两类进行了传统建筑再利用：一类是体现江南名门望族的豪宅利用；一类是临水而居的枕河客栈利用。青砖黛瓦马头墙、回廊桂落花格窗，成为了"反映中国古代优雅精致生活典范"的创意型接待旅游产品。

## 二、美学价值

江南古镇的人居环境、传统习俗和非物质文化遗存，是中国唐宋明清时期商业文化、生活方式、价值观念、传统与信仰的独特表达，具有内在的时代美学价值，包括空间美、环境美、建筑美、景色美、艺术美、怀旧美、想象空间美等诸多美的内涵。

对于城镇空间而言，保护城镇历史的"真实性"和风貌的"整体性"在于如实呈现出城镇发展变化的过程，应当是各个时代建设的拼贴和集成，而不是某个鼎盛时期的定格（阮仪三、袁菲，2011）。

## 三、科学价值

第一个层面：江南古镇是建筑、技术及景观的杰出范例，必须对传统的建造工艺进行完整的传承和再现，集中体现在历史建筑的修缮和维护上。粗糙不精致的做旧模仿折射出当代古镇遗产保护中的困境，我们是否完整地传承了传统营造工艺？第二个层面：江南古镇是传统人类居住地、土地使用的杰出范例，体现了文化或人类与环境的相互作用。

古镇的科学价值尤其需要解说体系的系统建设。

# 第二节　示范区古镇的游客感知评价

不同感知元素给游客带来的感知力强度是不一样的，如图 4-1 所示，游客对古镇氛围感知力强度是最大的，其次是文化技艺、人居环境、特色交通等。

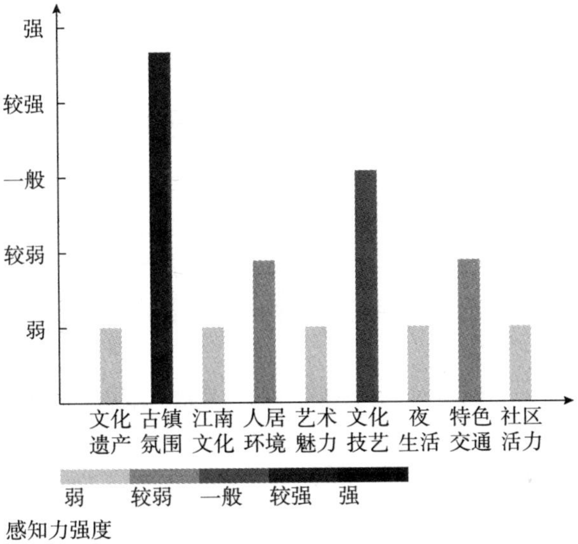


**图 4-1　古镇游客感知评价强度比较**

游客对建筑、文物古迹、街巷水乡、商业业态等感知元素的供应和需求各不一致，如表 4-1 所示。

**表 4-1　古镇游客感知评价元素的供应—需求**

| 供应 | 需求 |
|---|---|
| 建筑 | 浏览参观、建筑教育、巡礼、文化朝圣、打卡拍照、艺术作品 |
| 文物古迹 | 浏览参观、文化教育、特色“再现” |
| 街巷水乡 | 诗情画意、特色体验、美好记忆 |
| 商业业态 | 文化创意、时间银行、网红种草、结合当代消费趋势、体验 |
| 文化活动 | 定制人群文化盛会、当地特色 IP、文化名人 |

续表

| 供应 | 需求 |
|---|---|
| 田园环境 | 度假、旅居、风土人情 |
| 餐饮 | 去快餐化餐饮、融入文化表情餐饮 |
| 住宿 | 民宿+（康养、医疗、旅居、文化活动、教育） |
| 交通 | 主题游憩路线、特色交通工具 |
| 服务 | 特色导游服务、标志性服务、托付式服务 |

## 第三节　人居环境价值

人居环境价值主要从居住环境、生态环境、社会和谐、公共安全、经济发展、资源节约六个一级指标进行评价，并细分为二级指标、三级指标，建立相应的指标标准，为古镇人居环境价值评价建立科学的评价体系。如表 4-2 所示：

**表 4-2　人居环境价值评价指标体系**

<table>
<tr><th>一级指标</th><th>二级指标</th><th>三级指标</th><th colspan="2">指标标准</th></tr>
<tr><td rowspan="9">A 居住环境</td><td rowspan="4">A1 住房与社区</td><td>住房保障率（%）</td><td>≥80</td><td>65～80</td></tr>
<tr><td>保障性住房建设计划完成率（%）</td><td>100</td><td>≥90</td></tr>
<tr><td>社区配套设施建设</td><td colspan="2">社区教育、医疗、体育、文化、便民服务、公厕等各类设施配套齐全</td></tr>
<tr><td>文化基础设施建设</td><td colspan="2">文化场馆</td></tr>
<tr><td rowspan="5">A2 市政基础设施</td><td>城市公共供水覆盖率（%）</td><td colspan="2">≥95</td></tr>
<tr><td>城市供水水质</td><td colspan="2">卫生防疫部门依据《生活饮用水卫生标准》（GB5749-2006）检测，符合标准</td></tr>
<tr><td>城市燃气普及率（%）</td><td colspan="2">≥98</td></tr>
<tr><td>城市生活污水处理</td><td colspan="2">集中处理率高于全国平均值 10%；污水收集管网配套；污水处理厂运行负荷率高于全国平均水平，污泥得到有效处置</td></tr>
<tr><td>城市生活垃圾处理</td><td colspan="2">生活垃圾无害化处理率高于全国平均值 20%；垃圾处理设施达到无害化等级评定Ⅱ级以上；运行安全；试行垃圾分类</td></tr>
</table>

续表

| 一级指标 | 二级指标 | 三级指标 | 指标标准 | |
|---|---|---|---|---|
| A 居住环境 | A2 市政基础设施 | 城市排水 | 城市排水设施按规划建设；建成区推行雨污分流排水体制，雨水系统按《室外排水设计规范》（GB50014—2006）规定标准高限建设；排水设施有专门管理机构、专项财政资金维护 | |
| | | 互联网用户普及率（户/百人） | ≥10 | |
| | A3 交通出行 | 平均通勤时间（分钟） | ≤30 | 30~40 |
| | | 公共交通出行分担率（%） | ≥30 | |
| | | 步行、自行车交通系统建设 | 指定专项规划，并经批准实施，建成较为完善的步行、自行车系统，步行和自行车出行分担率≥40% | |
| | A4 公共服务 | 小学布局合理 | 分布均匀，服务半径不超过 500 米 | |
| | | 校园安全 | 幼儿园、中小学校舍、校园符合安全要求、校园周边治安环境良好，设置完善的警示、限速、禁止鸣笛等交通标志；校园周边无台球、电子游戏机营业点、网吧、无集贸市场、摊点等 | |
| | | 人均拥有公共体育设施用地面积（$m^2$） | ≥0.05 | |
| | | 万人拥有卫生服务中心（站）数量（个） | ≥0.3 | |
| | | 万人拥有医院床位数（张） | ≥40 | |
| | | 万人拥有公共图书馆图书数量（册） | ≥16000 | |
| | | 人均拥有公益性文化娱乐设施用地面积（$m^2$） | 人均拥有文化馆、图书馆、博物馆、青少年宫等设施用地面积（指设施已建成投入使用的用地）≥0.8 | |
| B 生态环境 | B1 城市生态 | 生态环境保护 | 市区自然地貌、植被、水系、湿地等生态敏感区域得到有效保护，按照生态学原则进行驳岸和水底处理，河道无大规模硬质护坡和衬砌 | |
| | | 城市生物多样性 | 制定《城市生物多样性保护规划》，并完成市域范围的生物物种资源普查 | |

续表

| 一级指标 | 二级指标 | 三级指标 | 指标标准 | |
|---|---|---|---|---|
| B 生态环境 | B2 城市绿化 | 城市绿化覆盖率（%） | ≥40 | |
| | | 城市绿地率（%） | ≥40 | 35~40 |
| | | 城市人均公园绿地面积（$m^2$） | ≥12 | |
| | | 城市公园绿地服务半径覆盖率（%） | ≥80 | |
| | | 城市林荫路推广率 | ≥70 | |
| | B3 环境质量 | 城市空气质量（%） | API≤100 的天数占全年天数比例≥80 | API≤100 的天数占全年天数比例 60%~80% |
| | | 城市地表水环境质量 | 达标率 100%，且市区内无Ⅳ类以下水体 | |
| | | 城市区域噪声平均值（db） | <60 | |
| C 社会和谐 | C1 社会保障 | 社会保险基金征缴率（%） | ≥90 | |
| | | 城市最低生活保障 | 最低生活保障线高于本省同类城市平均水平，实现应保尽保，正常发放 | |
| | C2 老龄事业 | 优待老年人政策 | 制定完善的老年人医疗、交通等优惠政策，并得到有效实施 | |
| | | 百名老人拥有社会福利床位数（张） | ≥2 | |
| | C3 残疾人事业 | 残疾人服务和保障体系 | 建立完善的残疾人服务和保障体系，并得到有效实施 | |
| | | 无障碍设施建设 | 主要道路、公园、公共建筑等公共场所设有无障碍设施，管理、使用情况良好 | |
| | C4 外来务工人员保障 | 外来务工人员保障政策 | 制定完善的外来务工人员保障政策并得到有效实施 | |
| | C5 公众参与 | 公众参与规划建设和管理 | 建立完善的规划、建设、管理等公众参与制度，并得到有效实施 | |
| | C6 历史文化与城市特色 | 历史文化遗产保存完好 | 城市文化遗产和历史街区得到有效保护 | |
| | | 城市风貌特色 | 景观风貌专项规划经过审批，实施效果良好，城市景观格局清晰，特色明显，新建建筑有地方特色 | |

续表

| 一级指标 | 二级指标 | 三级指标 | 指标标准 | |
|---|---|---|---|---|
| D 公共安全 | D1 城市管理与市政基础设施安全 | 城市管理 | | |
| | | 城市市政基础设施安全运行 | 城市地下管网、道路桥梁等市政设施档案健全，运行管理制度完善，监督到位，城市安全运行得到保障 | |
| | D2 社会安全 | 道路事故死亡率（人/万台车） | ≤10 | |
| | | 刑事案件发案率（%） | ≤5 | |
| | D3 预防灾害 | 城市人均避难场所面积（$m^2$） | ≥2 | |
| | | 城市公共消防基础设施完好率（%） | 100 | |
| | | 城市防洪排涝 | 城市防洪排涝设施达到相应设防标准，城市重点地区、交通枢纽地区、地下公共空间等配备完善的汛期排水设施并有效维护 | |
| | D4 城市应急 | 城市应急系统建设 | 建立完善的应急指挥系统，制定突发公共事件等地方应急预案，并经过实际演练 | |
| E 经济发展 | E1 收入与消费 | 城市居民人均可支配收入（万元） | ≥1.8 | |
| | | 恩格尔系数（%） | ≤36 | |
| | E2 就业水平 | 城市登记失业率（%） | ≤4.3 | |
| | E3 资金投入 | 城市市政公用设施建设资金投入比重（%） | 城市市政公用设施建设固定资产投资占同期全社会固定资产投资比重≥5 | |
| | E4 经济结构 | 第三产业增加值占 GDP 比重（%） | ≥55 | 40~55 |
| F 资源节约 | F1 节约能源 | 单位 GDP 能耗（吨标准煤/万元） | ≤1.6% | |
| | | 节能建筑比例（%） | 严寒及寒冷地区≥40，夏热冬冷地区≥35，夏热冬暖地区≥30 | |
| | | 北方采暖地区住宅供热计量收费比例 | ≥25 | |
| | | 可再生能源使用比例（%） | ≥15 | ≥10 |

续表

| 一级指标 | 二级指标 | 三级指标 | 指标标准 |
|---|---|---|---|
| F资源节约 | F2节约水资源 | 单位地方生产总值（GDP）取水量（立方米/万元） | ≤100 |
| | | 城市再生水利用率（%） | ≥30 |
| | | 工业用水重复利用率（%） | ≥90 |
| | | 城市节水规划 | 编制节水规划并取得明显实施效果 |
| | F3节约土地 | 城市人口密度（人/平方公里） | ≥10000 |
| 综合否定项 | 近两年内发生重大安全、污染、破坏生态环境等事故，造成重大负面影响的城市，实行一票否决 | | |

# 第四节　产业价值

随着我国特色小镇、文旅小镇的迅速崛起，古镇产业已经不再是一个普通的经济学概念或者行政学概念，而是一个实实在在的集产业、文化、旅游和社区功能于一体的经济发展引擎。目前，长三角区域的古镇已经成为了城市周边旅行、周末消费的一项热门选择，古镇特色线路游也受到人们的青睐。但与此同时，古镇也存在着千镇一面、千篇一律的问题。这需要从几个层面重新认识和建构古镇的产业价值。

## 一、古镇是中华民族农耕文化的载体

古镇，是农业产业发展的结果。古镇是中华传统文化的载体，如果没有载体，文化就不能传承下去，如果没有精神文明，古镇也将失去灵魂。在现代产业更新的背景下，古镇需要打破原来的产业布局，引入新的产业做动力，以具有可持续发展的动力。

### 二、城市人文主义价值观

随着工业的发展，长三角区域的许多古镇被拆除，从工业发展角度看它们没有保留价值，但从整个社会的发展角度看，其却具有不可比拟的人文价值。古镇开发不能停留在产业表层，需要深入到精神文化层面，以城市人文主义价值理念进行产业规划、形态和空间设计、价值保护。

### 三、产业协调

古村古镇需要进行产业调整，在传统产业中植入文化、旅游、养老、健康、生态等内涵发展现代产业。经济成功是文化可持续的基础。古镇以其独特的文化生态优势较易成为高密度信息中心、交流中心，古镇应该利用有利条件进行产业协调，不断创新，发展文化创意产业，用产业的力量赋能古镇。

### 四、催生文化创意社区

很多古镇的自然地理和人文地理价值，需要靠设计和创意产业从业者去发掘。每一个古镇都有悠久的历史，特有的文化历史资源和适宜的生活空间尺度提供了宝贵的社交价值和社区价值，可以说每个古镇都是宝贵的文化创意社区。主导古镇建设和物业管理的公司并不能激发文化创意产业的良性发展，必须建立系统化的业态引入机制，激发更多产业参与者加入，使产业联运发展，推进文化商品的市场孵化，催生文化创意社区。

## 第五节　示范区古镇可持续旅游发展价值评价

中国可持续发展指标体系（CSDIS）包括 22 项指标，代表可持续发展的五大类别：①经济发展；②社会民生；③资源环境；④消耗排放；⑤治理保护。

可持续旅游（Sustainable Tourism）并不是一个新的概念，而是旅游地理学研究的一个重要分支。1987 年，世界环境和发展委员会在《我们共同的未来》报告中首次提出了可持续发展理念。可持续旅游是可持续发展理念在旅游领域的延伸与应用。我国学者牛亚非和王文彤指出，可持续旅游应当在为旅游者提供高质量旅游环境的同时，改善当地居民生活水平；在开发过程中维持旅游供给地区生态环境的协调性、文化的完整性和旅游业经济目标的可获得性；保持和增强环境、社会和经济未来的发展机会。

# 第五章
# 关键问题提出与发展模式研究

## 第一节　示范区古镇遗产保护与发展机制

笔者对比分析了大量国内外案例，希望形成一个政策、实践机制和技术标准层面的对照系统，从中找到示范区古镇遗产保护与发展可参考的模式。

### 一、乌镇的保护与发展模式评价

乌镇提出的“修旧如旧，以存其真”“保护与开发并重，以开发促进保护”的原则被联合国称为乌镇模式。

乌镇在发展上按照商业模型进行“主题乐园式”发展，其产品运营的目标是放大用户体验。只有精致的、人性的、深度参与性的体验才能给消费者留下深刻印象。

（1）政府高度控制。乌镇的管理是极其严格的，居民的搬迁、商业的管理、民居的保护、规划的贯彻等极具特色。政府在古镇保护上更是铁血重拳，成立乌镇保护与旅游开发委员会，强有力的控制管理使古镇保护能按照规划进行，取得了良好的效果。

（2）公司利益得到极大保证。乌镇旅游股份有限公司掌握着乌镇古镇保护与旅游开发一期、二期工程中征用的民居的使用权及所有权，这些居民在统一整修后对外出租，由此获得的收益全部掌握在开发者手中。

（3）静态保护。乌镇少了居住的氛围，更多地像一个主题乐园。乌镇的开发模式虽然获得了很大的经济效益，但作为生活的古镇，原住民应是保护的重点。如果仅仅是保护历史文化建筑，那只是一种静态保护，而真正的保护应该是把古镇作为人类聚居地进行保护。古镇作为一种传统居民栖息地，是当地珍贵的资源，外界资本入驻会使古镇旅游开发的利益过多地流出当地导致较大的旅游漏损。古镇保护开发要使当地社区与居民受益，这是古镇保护与旅游开发可持续发展的基本路径。

## 二、周庄的保护与发展模式评价

周庄作为我国历史文化名镇保护与旅游发展的开拓者，政府主导古镇保护与旅游开发是其重要特征。在该模式下，政府是周庄古镇的主要保护者，也是主要项目的开发者，主要收益为国有。随着周庄旅游业的发展壮大，虽然富贵山庄、画家村、太史淀生态休闲创意产业区、古文化旅游创意产业区及一些高等级旅游接待设施的兴建都主要依靠外来资本，但周庄古镇保护与旅游开发的主导者仍为周庄镇政府。

（1）古镇保护强有力。周庄模式是江南水乡古镇保护与旅游发展的经典模式，其成功不能被浓厚的商业化氛围而掩盖。周庄这种以政府为主导的古镇保护与旅游发展模式对于历史文化名镇的保护是极其重要的，因为政府在保护上能更好地坚持原则，不会因经济利益驱动而损害古镇保护的长期利益。

（2）过度商业化。周庄“三步一家万山蹄，五步一家丝绸店”的商业气息让很多古镇旅游者颇感失望。古镇的传统民居、小桥流水人家的静谧氛围被周庄过度的商业气息冲淡或破坏。周庄过度商业化的原因是多样的。周庄历来是商业重镇，具有悠久的经商传统，这是历史原因。但到处都是历史上周庄民居并不具有商业用途，而现在很多传统民居破墙开店，沿街到处都是售卖旅游产品的商店。居民依托古镇旅游发展带来的客流，利用自有的居所开设商店也是一种谋生方式，但古镇的商业发展必须要有合适的度，超过这个度就是一种破坏。

## 三、南浔的保护与发展模式评价

南浔模式有效解决了古镇保护与旅游开发过程中的资金短缺问题，使古镇保护走出了完全依托财政资金及政府主导保护的道路。南浔模式使一批濒临消失的古镇历史文化建筑得到及时保护，并使南浔走上了旅游发展的道路。南浔模式分离了古镇经营权与所有权，使南浔在旅游项目建设、旅游产品体系构建及旅游市场营销与品牌宣传等方面由于进行公司化市场运作，所以能在短期内塑造“江南大宅门”的旅游品牌，并收回古镇保护与旅游开发资金。

由于出售了30年的经营权，南浔在旅游发展收益分配方面与周庄、乌镇等江南水乡古镇有很大差异，南浔只能获取一定的所有权出让费及利润提成。该模式曾经受到多方关注，部分学者认为该模式以牺牲当地居民的权益及历史文化遗产的方式取得古镇保护与旅游开发资金，仅通过象征性地建立保护与旅游开发管理委员会来对开发商的开发行为进行控制会带来新一轮的建设性破坏。南浔模式还需要在实践中完善，尤其是在社区利益分配、地方财政受益额度、古镇保护监管等方面还需要慎重思考，以有效解决发展中的矛盾。

## 四、同里的保护与发展模式评价

同里模式与南浔模式不同，虽然都引进外部资源进行古镇保护与旅游开发，但同里仍然以政府为主导力量，并没有出售古镇的经营权。同里模式的主要特点是基于同里退思园为世界文化遗产的优势与国际上相关科研机构的合作，共同进行研究，探讨古镇保护与发展之路。同里致力于打造“国际同里”“大同里旅游圈”，依托古镇资源与市场优势，对古镇以外的资源进行开发与建设，把全镇都纳入旅游产业发展的范围，完善古镇旅游产品体系，增强古镇旅游发展竞争力。为此，同里古镇应从挖掘文化内涵着手，加大旅游产品的结构性调整力度，进行静态和动态两方面的深度开发。

经过对江南水乡古镇保护与旅游发展模式的对比分析，我们发现虽然大多数江南水乡古镇的保护主体、开发模式不尽相同，但它们都聚焦“古镇”物质空间，通过“旅游”模式进行保护与发展。我们认为应该基于文化遗产保护的定义、江南水乡古镇整体价值及经济发展状况（创新能量、产业）、人居环境（美好栖居），多层面、多核心、网络化地探索示范区古镇遗产的保护与发展机制。

笔者在研究英国海伊小镇的案例时，发现古镇保护具有“再创造”的能力，带动了经济文化发展和历史景观的修复，更实现了经济能量网络的构建（以图书为核心的文化产业）。

# 第二节　古镇运营管理机制

## 一、示范区古镇故乡再造计划

日本通过“再造魅力故乡”计划，进行社区营造，选择自下而上的方式对自然环境、传统市镇进行保护与发展：

（1）以“人”为核心重构魅力故乡，居民从等待行政部门行动转变为自身行动，主动做力所能及的事，成为景观环境的营造主体。

（2）通过在地民间匠作体系，进行建筑、整体环境保护、更新；保护、传承非物质文化遗产，构建新的文化信仰中心。

（3）“限定文创贩卖”：在文创产品交易中实行仅限当地售卖的规定。

（4）再造“传统”的影响力：传统庆典凝聚当地居民和吸引外地访客。

通过查找相关文献资料，以三岛町、古川町为例重点介绍日本实施“再造魅力故乡”计划的相关活动内容，如图 5-1、图 5-2 所示：

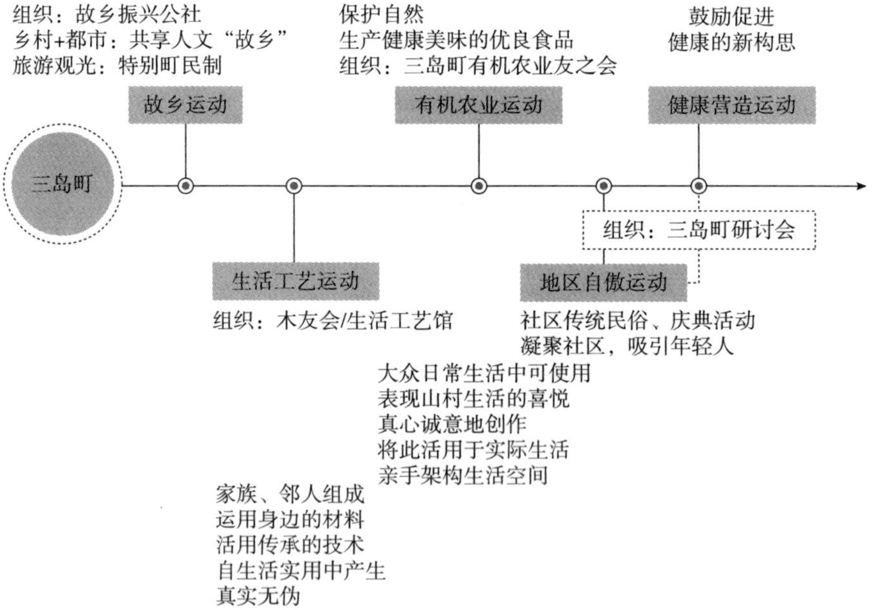


**图 5-1　三岛町再造魅力故乡活动**

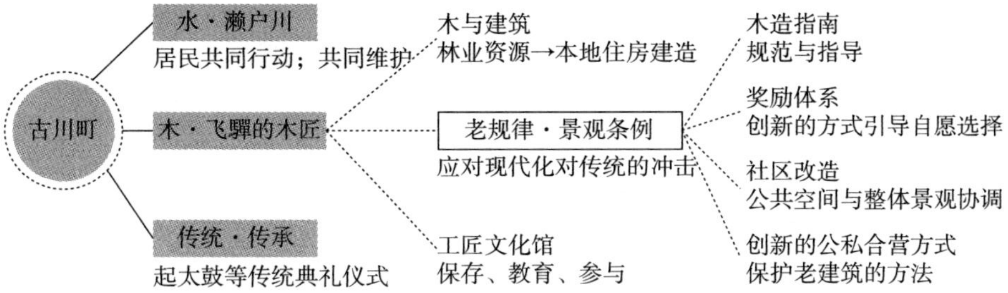


**图 5-2　古川町再造魅力故乡活动**

## 二、示范区社区发展模式探索

笔者在全球范围内还研究、比较了新型社区的发展趋势、管理理念、治理模式等，注重“深绿型”经济的马尔默明日之城、重构“情感共同体”的阿那亚都是我们研究的重点。

马尔默明日之城朝向“深绿型社区”发展，在节能、节水、节材、环保方面制定了一套完整的指标体系，这对于示范区古镇打造深绿型社区，进行零碳古镇、可再生银行、绿色屋顶等建设有着十分重要的借鉴意义。

### （一）马尔默明日之城的发展模式

明日之城马尔默以低碳生活向人们展示了宜居生活与产业发展“共同进步”的可能，其能源供应、废物回收利用和低碳生活理念被其他城市争相效仿。瑞典的生态城市有三种类型：深绿型生态城，注重人口、资源、环境的和谐发展；中绿型生态城，注重能源、水、环保；浅绿型生态城，注重绿化。在瑞典政府的大力支持下，马尔默市建成了迄今为止欧洲最大规模的“明日之城”住宅示范区。该示范区具有以下特点：

节能：“明日之城”项目实现了 1000 多户住宅单元 100%依靠可再生能源，并已达到自给自足。

节水：建成了给排水系统、雨水处理系统，配备节水器具。

节材：在小区招投标阶段，就提前公布建材选用指南，明确列出对环境和人体健康有害的材料清单，要求所有工程承包单位必须遵循。

环保：生物多样性保护。在项目开工之前，对植物进行妥善的移植和保护，项目后期进行景观设计时再移植回来。打造植被屋顶，碧绿色的屋顶构成了马尔默的一道风景，其主要功能是调节降水，处理固体废弃物。“明日之城”按照 3R 原则，遵循分类、磨碎处理、再利用的程序，将建筑工地的垃圾细分为 17 类；污水通过市政管网进入市政污水处理系统。

### （二）阿那亚的发展模式

我们通过研究阿那亚的案例，探索了其在社区营造、社区治理、文化创意等方面的做法。

（1）以“情感共同体”重构社会关系维系网络，探索社区自治。

（2）通过“关系+体验”形成社区的标签属性。

（3）以“社群+议题”构建社区治理模式、运营方式。

（4）聚焦“美好生活”，重构“旅居”。

（5）通过“社群+合伙人”来实现人与人、人与社区的网络化构建，展现社会服务价值、精神价值、文化价值、环境价值、邻里情感价值、经济价值、产业价值。

（6）强调生活美学，构建美好生活俱乐部、精神空间、艺术空间、社交空间及旅居业态。

（7）公司持有服务型物业轻资产运营，形成专属服务团队。

## 第三节　基础设施建设机制

### 一、生态绿色网络建设

绿色基础设施概念源于 1984 年联合国教科文组织在人与生物圈（MAB）计划中提出的生态基础设施概念（Ecological Infrastructure，EI）。

目前绿色基础设施并没有形成公认的完整定义，但国际上的不同组织和学者都认为绿色基础设施是由森林、水体、动植物栖息地、城市公园、绿地等组成的，具有系统性、连接性的自然及人工的开放空间网络。根据相关文献资料，绿色基础设施包含了从宏观到微观的不同尺度的内容（见表 5-1）。

**表 5-1 绿色基础设施的类型与功能**

| 类型 | 内容 | 主要功能 |
|---|---|---|
| 宏观尺度 | 国家公园、区域绿道、森林、城市湿地、城市公园等 | 形成区域范围的生态网络，维护生态系统平衡 |
| 中观尺度 | 社区公园、绿地、私家花园、蓄水池等 | 形成街区内部的生态网络，融入区域、城市生态网 |
| 微观尺度 | 屋顶花园、空中花园、庭院绿化等 | 形成建筑个体生态因子，与街区生态网络直接联系 |

在当前快速交通迅速发展的背景下，政府开始关注城市慢速交通系统的建设，倡导低碳环保的绿色出行，使之成为城市快速交通的重要补充部分。绿色交通网络的构建策略如下：

（1）针对城市生活性道路、城市支路及人流密集的道路，遵循交通稳静化理念，通过控制水平和垂直速度，限制机动车车速。

（2）设公交专用线，鼓励公共交通；结合城市景观系统设置慢行步道，提倡步行、自行车的短途出行方式。

（3）建立严格的交通惩罚措施，保证行人人身安全（见表 5-2）。

**表 5-2 各类交通方式概况内容介绍**

| 名称 | 时间 | 代表人物或地区 | 主要内容 |
|---|---|---|---|
| 绿色交通 | 1994 年 | 克里斯・布拉德肖（Chris Bradshaw） | 采用多元化的低污染、低能耗的交通方式和方法，减少交通、环境问题，实现环境、社会经济协调发展的交通运输系统 |
| 交通稳静化 | 20 世纪 60 年代 | 英国《比沙南报告》（*Buchanan Report*）；荷兰乌纳夫（Woonerf）模式 | 通过降低机动车速度，使街道安全化、人性化，从而有效地改善市民的出行环境 |
| 公交优先 | 20 世纪 90 年代 | 新加坡 | 以公共交通为主导（TOD），实现土地利用与交通发展的一体化规划 |
| 慢行交通 | 20 世纪 70 年代 | 荷兰、丹麦、伦敦、纽约 | 建立步行、自行车、公交相结合的交通模式，在规划设计和政策导向上提高慢行交通的效率和安全性 |
| 立体交通 | 20 世纪 60 年代 | 希尔伯塞莫<br>明尼阿波利斯，香港 | 利用天桥、地下通道、立交桥、地下隧道实现人行交通和车行交通分离 |
| 智能交通 | 20 世纪 90 年代 | 伦敦、广州 | 利用信息技术对地面交通管理系统进行控制，构建高效、智能的综合交通运输管理系统 |

斯德哥尔摩国家公园体系构建，可为古镇生态基础设施、生态绿道网络建设提供复合结构、标准体系方面的参考。

斯德哥尔摩作为首个被评选为“欧洲绿色之都”的城市，拥有 10 条生态走廊，每条的宽度约 152 米，从市区的城市公园一直延伸至郊区。这是绿地空间与城市空间长期相互作用的结果。除了市郊的生态走廊外，斯德哥尔摩还通过建立层次丰富的公园体系将自然空间渗透至市区。斯德哥尔摩公园体系的建设，保障了居民“在公园附近生活”的权利。所有的居民只要步行 5~10 分钟，就可以到达一个约为 0.05 平方千米的公园。斯德哥尔摩的公园体系具体如表 5-3 所示。

**表 5-3　斯德哥尔摩的公园体系**

| 编号 | 类别 | 主要内容 |
|---|---|---|
| 1 | 生态走廊 | 斯德哥尔摩的星形绿楔穿插在城市中，从市中心的国立城市公园延伸到斯德哥尔摩郊区，形成了 10 条生态走廊 |
| 2 | 大型公园 | 斯德哥尔摩共有 12 个大型公园，每个公园的面积均超过 9.8 平方千米。总面积占斯德哥尔摩总开放空间的 1/3，其中包括世界上第一个设立的国立城市公园 |
| 3 | 邻里公园 | 邻里公园和社区花园的总面积占斯德哥尔摩公园体系的 1/3，具体的设置要求为：<br>在市民生活 200 米范围内，应设有 0.01~0.05 平方千米的公园，为居民提供玩乐、散步的安静绿地；<br>在 500 米范围内，应设有 0.05~0.5 平方千米的市区公园，为居民提供野餐和踢球的场地；<br>在 1 平方千米范围内，应设有 0.5 平方千米以上的自然保护区；<br>尽可能在城市建设的空隙增加 0.01 平方千米以内的小型开放空间 |
| 4 | 自然地区和海岸线 | 森林覆盖地区和农场的总面积占斯德哥尔摩开放空间的 1/5，斯德哥尔摩超过 80%的海岸线对外开放，一般设有步行和自行车道 |
| 5 | 住宅庭院 | 斯德哥尔摩政府为居民和业主提供支持，帮助他们将住宅庭院建设为绿色的生态化庭院 |

斯德哥尔摩的哈马碧致力于建成环境友好型的健康城市，1996 年斯德哥尔摩政府为哈马碧制定了土地、交通、建材、能源、水资源、废弃物六方面的环境目标，具体如表 5-4 所示。

**表 5-4　哈马碧的环境目标**

| 目标项 | 编号 | 指标项 |
| --- | --- | --- |
| 土地利用 | C1 | 开放空间标准：要求每户公寓拥有不低于 15 平方米的绿地，300 米距范围内必须有一处 25～30 平方米的花园或公园 |
| | C2 | 家庭花园采光：要求花园中有不低于 15%的面积，能够在春秋季保证 4～5 小时的光照 |
| | C3 | 生态空间补偿，保护生物多样性 |
| | C4 | 禁止开发具有特殊价值的自然区域 |
| 交通 | C5 | 到 2010 年，80%的居民使用公共交通、步行或骑自行车 |
| | C6 | 至少 15%的住户和 5%的商用住户参加汽车共享俱乐部 |
| | C7 | 所有的重型车辆必须符合地区标准 |
| 建筑材料 | C8 | 材料的选择以资源、环境和健康为出发点 |
| | C9 | 禁止使用压缩木板 |
| | C10 | 禁止使用铜质水管 |
| | C11 | 暴露在环境外的镀锌材料应做涂料处理 |
| | C12 | 尽量避免使用新挖的碎石和沙子 |
| | C13 | 鼓励使用回收材料 |
| 能源 | C14 | 使用可再生能源、沼气产品，实现余热再利用 |
| | C15 | 使用具有环境友好型标签的电力 |
| | C16 | 供热系统使用垃圾发电，利用可再生能源供热 |
| | C17 | 居民自行解决家庭所需的一半能源 |
| | C18 | 带有排风系统的区域供热，使用面积能耗不高于 100 千瓦/平方米，其中 20 千瓦/平方米为电能 |
| | C19 | 带有热回收系统的区域供热，使用面积能耗不高于 80 千瓦/平方米，其中 25 千瓦/平方米为电能 |
| 水资源与污水 | C20 | 人均日用水量减至 100 升 |
| | C21 | 污水中 95%的磷回归土地 |
| | C22 | 污水中的重金属和其他有害物质的含量应比斯德哥尔摩其他地区低 50% |
| | C23 | 净化后的污水中，氮含量不得高于 6 毫克/升，磷含量不得高于 0.15 毫克/升 |
| | C24 | 排水系统与雨水系统连接，不与污水网络连接，进行降水处理 |
| | C25 | 氮元素回归农田，使用废水中的化学能，对氮元素和污水中的化学能回收的整个过程进行分析 |

续表

| 目标项 | 编号 | 指标项 |
|---|---|---|
| 废弃物 | C26 | 2005 年至 2010 年，每户产生的垃圾的重量应减少 15% |
| | C27 | 2005 年至 2010 年，产生的有害垃圾重量应减少 50% |
| | C28 | 减少垃圾堆放处；提供可分类垃圾回收点 |
| | C29 | 80% 的有机垃圾经堆肥后回田或用于生物质发电 |
| | C30 | 减少本地区用于垃圾运输的车辆 |
| | C31 | 到 2010 年对所有家庭的废弃物进行能量回收 |
| | C32 | 建设期的垃圾填埋率低于 10% |

## 二、文创贸易数字基础设施建设

笔者研究了国内文创贸易、版权交易体系，发现文创贸易逐步向数字型交易发展，注重打造数字店铺、交易平台，进行数字直播、明星带货等。

阿里巴巴影业集团（以下简称阿里影业）旗下的授权宝与阿里鱼全面整合，阿里鱼平台的 IP 认证、IP 授权交易撮合等业务由阿里影业负责运营。阿里鱼要做的是，“依托阿里的大数据和零售生态的加持，为整个授权产业打通一个 B2B2C 的产业闭环”，打造面向全球授权产业链的新基础设施，加快推动内容商业化进程。

阿里鱼以阿里大数据为基础，为 IP 方、品牌方提供在线授权、营销、销售等全链路服务，其中主推两大核心业务，即 IP 开发消费品授权合作及整合营销等服务，此外还包括双 11 狂欢夜等自有 IP 运营，同时还涉及影视、动漫、文化、艺术、明星、综艺、体育、音乐多类型 IP 合作。

## 三、属地化匠作体系

建筑、街区的发展，应注重地域、建构特征，突出设计的哲学理念。示范区古镇的整体建构模式应该从“属地化”的角度出发，探究作为建筑创作主体的文脉特征、匠作体系、可持续营建技艺。属地化匠作体系是衡量江南水乡古镇文化遗产保护传承、人居环境营造、城镇更新的重要指标。

日本在“传统街区再生”中注重街道景观的整备对历史、文化、艺术场所的创造与再生，通过将地域环境景观与历史文化传统及艺术创意相结合，建造更优质、更有创造性的地域社会。

### （一）案例研究：日本古川町

日本古川町被誉为“木匠的故乡”，“飞驒匠师”全日本知名。

（1）重新发掘工匠技艺，成为社区营造活动的另一个起点。古川町所在的飞驒地区山林资源丰富，林木产业为当地一大产业。古川町的房屋，全部以古法建造，所有结构都通过榫头衔接、不用铁钉，出檐、窗户、格栅、斗拱形成层次丰富的统一感，体现了传统日本木造工法的精密与严谨，形成了古川町独特的魅力。工匠传统保存了“不破坏老规矩”的社会风气，木匠与木匠之间形成了良性竞争，争相做出精品。独具特色的“云”装饰，是古川工匠的拿手绝活，他们做出的云饰各不相同，如同精心设计的作品签名。

（2）“飞驒之匠文化馆”成为古川町再造的里程碑。为了保留并传承珍贵的古川文化，古川町集中展示了当地的工匠文化，发动当地 2/3 的木匠，携手建设了“飞驒之匠文化馆”，展示内容由工匠们自己商议、建造。此举提升了小镇木材产业和木匠传统技艺的文化层次，建筑本身成为学习的范本，日本很多建筑师和木匠也都到这里进行学习。为了让每个人都能够发现古川之美，1993 年古川町组织编辑出版了《飞驒古川城市足迹》手册，翻阅手册“借着在町中散步，认识周围环境的问题所在，让谁都可以采取行动，使自己居住的地区变得更好”。

### （二）日本北海道函馆市的“联合广场”

日本北海道函馆市的“联合广场”，里面有代表函馆文化的一栋两层楼的红砖建筑，始建于 1911 年，曾作为邮局使用。20 世纪 80 年代，这栋红砖建筑面临被拆毁的危机，当地一个市民团体决定租下这栋废屋，并表示在对其进行全面修复后，作为经营基地使用。之后，该团体中的建筑师提出了建筑再生计划。该团体聚集了有志于艺术的年轻人，成立了手工艺家协同组织工匠联盟（Craftsman Union）。1983 年，“联合广场”开幕，再生后的建筑中有玻璃工作坊、木工坊、手工精品店、宝石店、设计事务所、钢琴教室、餐厅、咖啡店等。之所以定名为“联合广场”，是因为有很多的艺术界人士参与，蕴含“艺术家联合聚集的广场”之意。

# 第四节　文化品牌塑造机制（创意城市）

联合国“创意城市网络”成立于2004年10月，致力于发挥全球创意产业对经济和社会的推动作用，促进世界各城市之间在创意产业发展、专业知识培训、知识共享和建立创意产品国际销售渠道等方面的交流合作，目前分为设计、文学、音乐、手工艺与民间艺术、电影、媒体艺术、美食七个主题。

## 一、国外文化品牌塑造案例

笔者研究了国外创意城市的发展路径和“创意城市”品牌塑造的实践经验，发现法国里昂的做法尤其突出。1998年法国里昂被列为世界文化遗产，整个里昂城又被称为媒体艺术之都，其灯光艺术创意品牌的塑造经验值得我们借鉴：①以科技艺术生态塑造文化遗产的整体空间。②以生态文旅IP，塑造城市品牌，广泛吸引游客。③以“科技+新能源+艺术创意”引领产业，集合创意青年、艺术家、大师、领域专家等。

里昂是法国重要的工业城市和除巴黎之外最重要的科教中心，机械、电子、化工、重型汽车、计算机等产业实力雄厚，拥有20余所高等院校和科研机构，常被认为是法国的第二大都市区。除此之外，里昂还是法国乃至欧洲重要的文化与艺术中心，被称为媒体艺术之都，以丝绸贸易而闻名，在罗马时代就相当繁荣。1998年里昂老城被列为世界文化遗产。

里昂灯光节是该城市最大的艺术盛会，已经成为里昂的一个季节性产业。里昂灯光节以城市的主要建筑、广场、山脉等为载体，与城市重要人工和自然景观紧密融合。该灯光节利用城市主要的广场、教堂、街道以及河畔举办大众参与的大型庆典活动，利用小公园、街道拐角甚至雕塑进行灯光小品展示，将山丘、广场、桥梁、河流、教堂、庭院、花园等不同空间都利用起来。

灯光艺术节推进了文化交融，已成为主要的交流盛会，利用室外这个巨大的陈列室，展示领先的艺术与灯光创造趋势。里昂不仅邀请了灯光专家，还邀请了其他学科的大师及艺术家，他们来到这里用灯光展示创意。里昂灯光节专门设置青年艺术家专区，为来自艺术、建筑、设计等专业的学生提供参展的机会，并且鼓励他们参加由主办方创办的竞赛。这些青年艺术学生表现出强大的创造力和创新精神、这样的参与不仅是为大学生提供机遇，同时也是挖掘青年艺术人才的绝好平台。除了旗舰项目，灯光节上其他适度规模的项目、街道规模的项目大部分由新兴艺术家设计。

里昂灯光节的主题包括：历史文化主题、节能环保主题、灯光科技主题、娱乐体验主题、社会公益主题。

## 二、国内文化品牌塑造案例

### （一）故宫

故宫不只是一座建筑群，更有着令人神往的历史沉淀，而故宫的文创新品，除了传递厚重的时光外，也必须有喜欢故宫的人能感受到的温度。从百年品牌省纪委超级 IP，故宫深挖文化内涵价值，以“文化故宫、亲和故宫、时尚故宫、数字故宫”为发展目标，围绕故宫游览客群和文创客群开发了一系列产品，其文创产品全年总收入从 2013 年的 6 亿元增长到 2017 年的 15 亿元，形成了运营效益巨大的文创产业. 通过查找相关研究资料，我们梳理了故宫文创发展的关键节点举措，如图 5-3 所示：

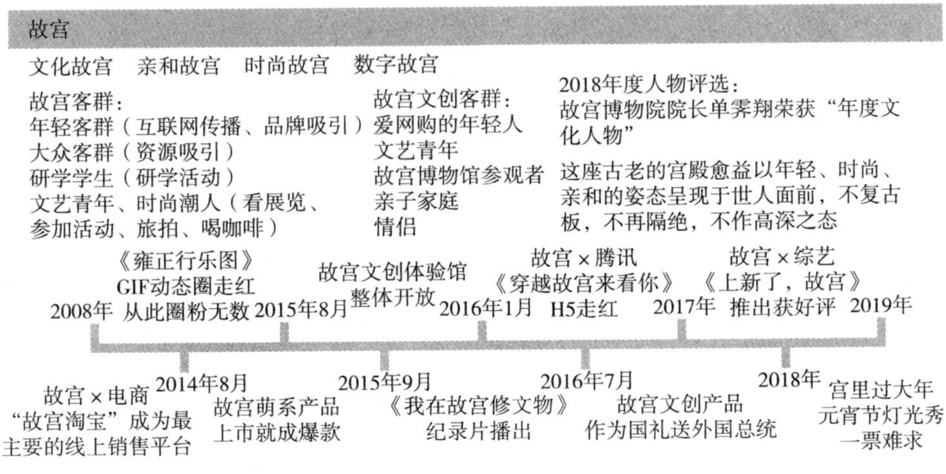


**图 5-3　故宫文创品牌发展主要历程**

## （二）乌镇

乌镇作为古镇文化品牌发展的典型代表，通过进行旅游度假、文化创意、会议会展等多元产业融合，抓住互联网发展的重大机遇，释放“互联网+”文化旅游产业融合发展模式红利，打造出独具特色的“乌镇模式”，受到世界广泛好评，也为其他城市的发展提供典范，为地区注入新的创新基因。通过查找相关研究资料，我们梳理了乌镇从传统乌镇到度假乌镇、文化乌镇、会展乌镇的发展之路，如图 5-4 所示：

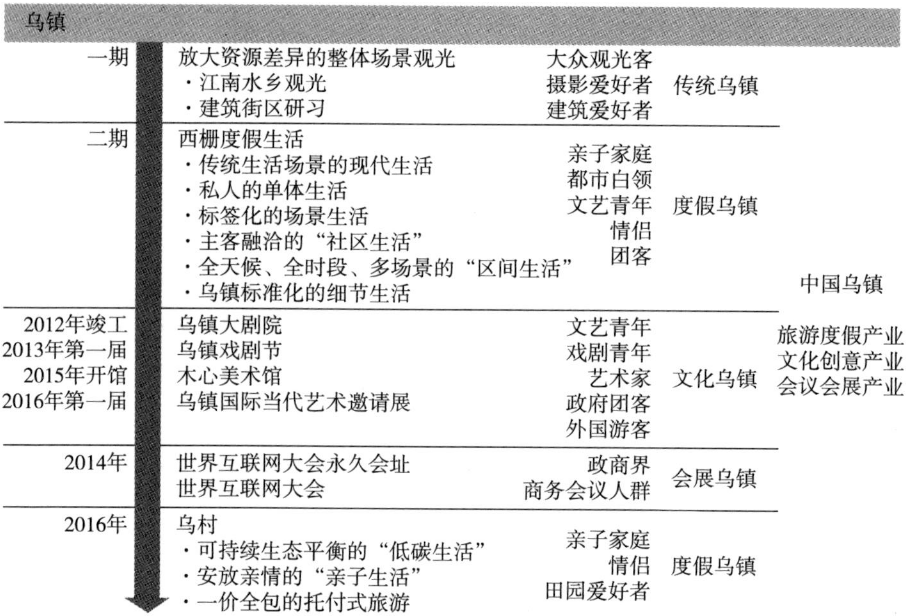


**图 5-4　乌镇城市品牌化发展历程**

## （三）杭州西湖

杭州西湖基于自身自然和人文资源优势，把文化作为提升国际化的核心要素、特色品牌，不同阶段推出不同品牌形象，发挥历史人文优势，增强区域文化软实力，展现历史与现实交融的独特韵味。我们梳理了西湖在各个阶段的品牌形象和重点客群，从而全面分析西湖文化品牌发展。如图 5-5 所示：

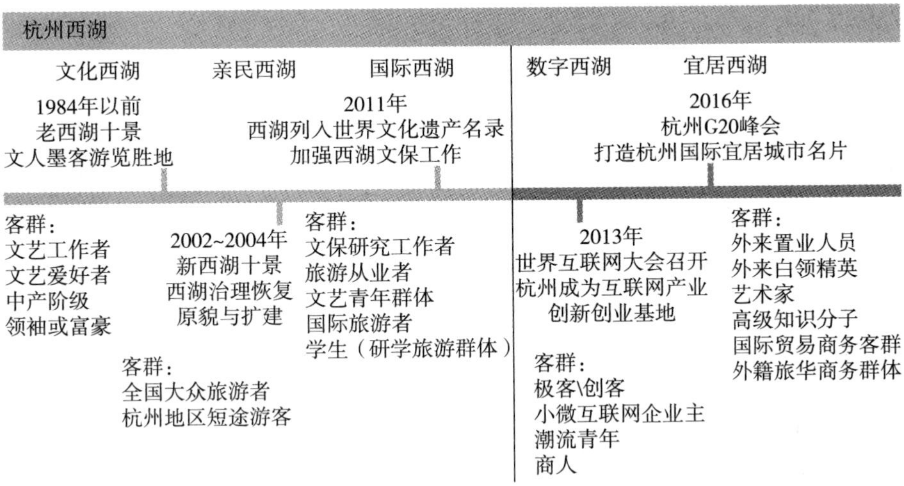


图 5-5　杭州西湖品牌化发展历程

# 第五节　古镇产业发展模式

## 一、文化创意产业

“文化+”和“文化产业+”的思路和发展格局，是城市未来的发展方向。

### （一）国外文创产业发展案例

我们研究了韩国釜山文化产业的多元融创模式。釜山经验、釜山模式以文化和文化产业为主导发展城市，即考虑到釜山城市的演进特征和文化资源价值，把握城市文化的脉络、格局、特性，强调地方性和社区融入，看重产业融合和“地方营造”，进而推动城市文化产业的多元化发展。地方文化资源充分有效地融入城市、城区、社区、街区，是韩国城市文化产业本土良性发展的重要路径和动力源。

釜山是一座诗意的城市。从城市发展史来看，釜山城市文化的产生、发展、演进虽一波三折，却井然有序。釜山的海洋性地貌、港口、海鲜、风俗、电影产业衍生出了众多节庆活动，如海洋节、沙雕节、渔祭、电影节、舞蹈节、烟花节等，并形成了本土特色鲜明的文化空间资源，如曾为水营驻地的广安里海滩、海云台地区的迎月路、沙下区的甘川文化村、水营区的生鱼片广场、影岛大桥下的日本老宅区、釜山电影节主会场“电影的殿堂”、艺术演艺的中心“釜山文化会馆”等，这些都是其文化产业空间再造的源泉，蕴含着釜山特有的社会文化资源要素，彰显出其独特的产业价值，体现了其文化产业的“地方性”特征，也使釜山文化产业本土化空间的营造成为可能。文化产业资源再造的空间，在城市生活中延展开来，融入城市和社区肌理，又成为新的资源，如此循环推动产业发展。

除此之外，釜山文化生产力的“经营和再造”还具体体现在以下几个方面：

釜山有宣传城市的一系列标识，广泛运用于各类公共设施和空间场所。如公交车车头上部的LED显示屏除显示车次线路、起讫站点名称等基本信息外，还不断滚动显示釜山的城市LOGO——“Dynamic Busan”（动感釜山）。广安里海水浴场所在的水营区的海边步道印有醒目的字样“Sea You”和广安里大桥的形象，以凸显海洋文化元素。地铁2号线沿海岸连接城市东部与西部，当要停靠著名的海水浴场景区时，站点播报都会辅以“海鸥”“海浪”的声音，人性化十足。各类旅游宣传手册、市区地图，以及中文资讯读物也都印有特色鲜明的标识性图文，如《在釜山》的封面印有“Colorful Korea on Your Hand”、《来到釜山》的封面印有“DESIGN YOUR TRAVEL”、《外国人釜山生活指南》的封面印有“Life in Busan”等。

在重视文化产业整体性的同时，釜山又与其他韩国城市“趋不同”，空间利用与产业业态同步互动，错位发展，凸显优势。如重点举办节日庆典活动，活动形式多样，数量众多，同时又注重质量，求新求变。如今，作为“节庆之都”的釜山远近闻名，釜山电影节、釜山海洋节都已成功举办多届，效果良好。尤其是釜山国际电影节，作为亚洲较具影响力的电影节之一，已上升为城市文化的战略高度，成为城市对外交流的名片。釜山依托南浦洞地区成熟的影视工业和商业环境，在海云台地区又新建了大型的电影节主题建筑“电影的殿堂”，丰富了釜山电影节的空间资源。釜山“影像名城”的赞誉，较好地诠释了文化产业空间布局所发挥的功用，极大地增强了整个城市的文化属性，进而也提高了城市的国际竞争力和知名度。

### （二）国内文创产业发展案例

我们还重点研究了国内的文创产业案例——故宫文创。故宫文创的具体实践值得文化遗产产业商品化发展借鉴：

数据显示，2013 年故宫文创产品销售额仅为 6 亿元，2017 年增至 15 亿元，四年增长了 1.5 倍。从购物到游戏、文化综艺，故宫构建起了自身的文化版图。

2008 年，故宫就开启了文创之路，成立部门“故宫文化创意中心”。

2008 年 12 月，故宫入驻淘宝，成为国内第一家开淘宝店的博物院。在初期，不论线上还是线下，故宫文创产品经营都被看作是“旅游纪念品”经营。

2014 年故宫文创产品增加 265 种，2015 年故宫文创产品增加 813 种。

2015 年 8 月，故宫与“聚划算”合作，故宫文创产品一天内在“聚划算”平台成交 1.6 万单。2016 年，故宫与阿里巴巴达成战略合作关系，双方基于故宫门票、文创、出版三大板块展开合作，当年 7 月“故宫文创”天猫店正式上线。“故宫文创”天猫店粉丝超 260 万，“故宫淘宝”粉丝近 450 万。在淘宝天猫上，除了“故宫淘宝”和“故宫文创”外，故宫还开设有售卖门票的“故宫博物院官方旗舰店”以及出售字画的“故宫博物院出版旗舰店”。在故宫文创官网上，故宫壁纸、故宫动漫、故宫游戏多点开花。

除实体产品外，故宫文创产品的另一种形式是数字化产品。自 2013 年起，故宫连续推出《胤禛美人图》《皇帝的一天》《每日故宫》等 App，逐渐形成了自己的 App 矩阵群。

通过查找相关资料，梳理了故宫从 2008 年到 2019 年的文创产业发展重要节点活动内容，如图 5-6 所示。

故宫文创产业发展充分借助互联网优势，构筑起念概“数字故宫、故宫购物、故宫社区、故宫应用、故宫游戏”等为一体的布局版图，如图 5-7 所示：

## 二、示范区古镇数字产业探索

我们结合文化遗产保护、文创产业开发研究了故宫文化遗产数字资产化的过程及路径，可为示范区古镇发展数字产业提供参考。

故宫文化资产数字化应用研究所是经国家文物局批准，由故宫博物院和日本凸版印刷株式会社合作创办的，是中国博物馆界的第一个中外合作实体，有常设机构和日方常驻工作人员。

**图 5-6 故宫文创产业发展重要节点活动内容**

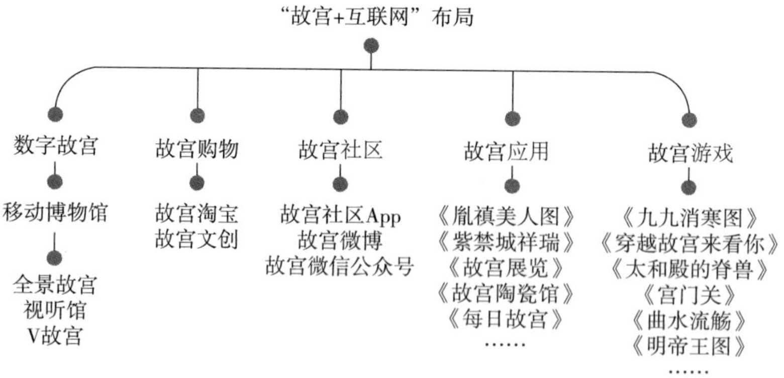


**图 5-7 “故宫+互联网”布局图**

经过十余年的探索，故宫博物院的信息化工作已经从简单的信息化保存进入以保存为基础、以应用为导向的全面信息化的阶段，形成了独特的“数字故宫”架构。总结起来，数字故宫就是以数字文物为基础，以信息化方式进行管理的，以保存、展示和保护文化遗产与服务公众为目的，超越时空的博物馆。它是与实体中存在的故宫博物院紧密关联，但不受时间和空间限制，在任何时间、任何场所，都能够被受众所感知的博物馆。将来数字故宫还会深度融合数字技术与传统保护手段，在展览策划与实施、文物研究、文物修复和文创开发等方面发挥更大作用，成为故宫业务不可或缺的有机组成部分。

数字故宫社区主要有社交广场、文化展示、资讯传播、参观导览、学术交流、公众教育、休闲娱乐和电子商务八个功能板块，具有以下六大特色：

（1）虚拟现实作品（VR、AR）。

（2）高清晰地在网上展示文物。

（3）利用 App 来展示故宫文化。

（4）网上虚拟展览。青少年版网站则针对青少年的特点全新开发、独立运营，用年轻人的语言和表达方式传递故宫文化，以动漫为主要手段，通过基于紫禁城的建筑、历史创造的卡通形象演绎的故事，向青少年传递故宫建筑、文物蕴含的文化内涵。

（5）故宫研究院的全部研究成果和培训成果也将在社区中予以展示。

（6）数字购物+文创产业。

## 三、示范区古镇生态绿色产业探索

在发展深绿型经济、深绿型社区的同时，世界各国也在研究如何创造绿色动能带动社区的产业发展。

### （一）日本上胜町深绿产业

2003 年上胜町发布日本首个“零废弃”宣言，宣布在 2020 年前实现垃圾的零焚烧和零填埋，2005 年上胜町成立 NPO 法人“零废弃学会”，专门负责日比谷垃圾回收站的管理及运营。

上胜町有着干净的水源和空气，所生长的树叶无杂色、无污染，全年共有 320 种可食用的叶子，落叶数量繁多，以致堵塞河道。于是上胜町发展树叶经济，将这些树叶售卖至日本各地料理亭，甚至还出口到北美和欧洲的酒店和餐厅，采摘树叶的企业年营业额可达 130 万英镑。此外，上胜町还销售点缀花叶，根据大小、形状一一筛选，日本 80%的点缀花叶来自这里。

### （二）日本氢能源产业 & 氢能源社区

对于日本来说，氢能源的研发与使用，不只是一个技术与生产的问题，更重要的是要形成全社会的产业链。打造这一产业链，日本花了很长的时间，从液化气的进口、氢气制造加工储存、氢能源汽车的制造、高压气罐的研发制造、汽车与气罐新材料的研发生产，到氢气运输车运输船的研发制造、高压氢气的安全运输、加氢站的建设与普及、氢能源汽车的销售与售后服务等，整个产业链的完整构建，才确保了丰田氢能源汽车在 2016 年正式投放市场。

日本政府的目标是把氢能源作为国家基础能源的一个重要组成部分，逐步取代核能发电和火力发电。日本政府在 2019 年 4 月，发布了第五次能源基本计划。为了实现一系列目标，降低氢能源的成本是日本政府和企业认真考虑的问题。日本政府提出了打破制度壁垒、强化技术综合研发、官民一体推进氢能源普及的国家战略。具体的目标与要求是，将氢气的价格降到汽油价格的 80%、氢能源汽车实现规模性的量产化；进一步提高发电效率，氢能源电池一次充气后的续航能力要从目前的 650 千米延长到 1000 千米，同时要努力寻求燃料电池的小型化，让氢能源电池成为家电产品；到 2025 年，要生产出面向各行各业的各种特种车辆，譬如消防车、工程机械车等都要采用氢能源作为动力源，逐步提升氢能源汽车在整个汽车销售量和拥有量中的占比，以此来确保加氢站的稳定收益，降低加氢站的运营成本，形成良性的、可持续发展的氢能源产业链。日本政府还开始推进船舶的氢能源化，充分利用氢能源动力静音的特点，研发生产出船用氢能源动力系统，首先用于游览船、渔船、摩托艇等小型船舶上，不仅能提升这些船舶的续航能力与安全性，也可以减少船舶柴油动力对海洋的污染。在铁路系统领域，JR 东日本铁道公司已经开始参与氢能源列车的研发。除了研发氢能源动力系统外，日本还计划在主要车站设置大型加氢站，提升列车加氢的速度，让氢能源逐步取代目前的电力线路系统。日本宇宙航空研究开发机构正在实施一项大胆的计划，研发氢能源的有人月球探测车，在不远的将来，让人类驾驶氢能源车在月球上行驶。日本还在研发分散型氢能源发电机组，不仅要实现与火力发电站的混合发电，还要建设大型的移动发电站。

日本政府计划在 2030 年，让氢能源燃料电池走进 530 万户人家，使全国 20%的家庭用上氢能源。氢能源燃料电池具备三大功能：第一，为家庭提供所有的电力，也就是说，每个家庭就有一个发电站；第二，燃料电池在发电过程中产生的热能，可以为洗浴、地暖供热；第三，富余电力可以出售给电力公司。

日本建设的氢能源社区由两座塔楼和21栋裙楼以及服务设施、海滨公园等组成。计划在东京奥运会开幕时，这里将成为各国选手居住的“选手村”。奥运会结束后，建设公司将把这个“选手村”改造为一个新型社区，所有公寓向东京市民出售，可以容纳5200多户人家，形成1.3万人左右的大型社区。这里的每一套房子，都采用家用氢能源燃料电池作为基本电源。同时社区内建设一个大型的加氢站和氢气管线管控中心，通过管线直接将氢气输入到各户家庭的燃料电池中，使燃料电池成为永久性的发电系统。另外，社区内的所有商业设施和路灯的用电，也将使用氢能源，社区内的巡回巴士也将采用氢能源巴士。

东京奥运选手村在2019年10月基本建成，世界上第一个氢能源社区在东京湾诞生。这意味着，日本已经开始了氢能源建设的时代。氢能源从汽车动力源最终变成一个国家的基础能源，日本的这一做法，引领了世界。

## 四、生态康养与未来医疗产业

因独特的自然风光、高性价比的医疗资源及特色医疗优势等，亚洲成为全球医疗健康旅游“领头羊”，泰国、印度、新加坡、马来西亚、菲律宾成为五大国际医疗健康旅游目的地，特别是泰国、印度、新加坡三国占据亚洲医疗旅游服务90%的市场份额，提供疫苗接种、基因检测、健康体检等“轻医疗”项目。泰国的优势在美容医疗服务方面，印度的优势在优惠的医疗价格，而新加坡的优势则在高水平的医疗服务。据有关报道，早在2008年8月第一个台湾健康体检旅游团抵达厦门时就有人指出，随着国内医疗技术和肿瘤筛查水平的提高，以及费用相对低廉的优势，预计将来会有更多海外游客入境进行健康体检。

以健康查体为特色的主题旅游顺应了人们追求健康的新需求，有着蓬勃的发展势能，可带动诸多相关行业，富有经济活力，成为医疗健康旅游新热点。

薇姿是坐落于法国中南部奥弗涅大区（Auvergne）阿列省（Allier）的一个城镇，以集中拥有15个38万年前形成的奥弗涅火山温泉泉眼而闻名。目前中国是薇姿希望重点发展的区域，已于2016年5月与中国的百年康养产业投资有限公司合资成立了在大中华区康养产业领域唯一的合资公司——“赛龄斯汤健康管理咨询（上海）有限公司”，计划在中国多个区域中心城市及周边拓展。

通过查阅薇姿产业发展的相关研究资料，我们发现薇姿温泉产业包含核心配套（如温泉健康管理、温泉医疗等）、衍生产业（温泉化妆品、矿泉水等）和薇姿小镇（主要为商业服务配套设施），具体如图 5-8 所示；其温泉康养特色小镇的核心配套更加强调温泉康养和老年养护等功能，具体如图 5-9 所示：

**图 5-8 薇姿温泉康养产业架构**

**图 5-9 薇姿温泉康养特色小镇的核心配套**

薇姿实验室合作伙伴：欧莱雅集团。

皮肤药用品合作伙伴：欧莱雅集团。

美国生产：临床护肤品可用于皮肤科、整形外科、日常家庭的水疗照护以及美容手术后康复、改善老化迹象、维持皮肤健康，并预防未来的损害。

薇姿矿泉水每年销售 4000 万瓶，出口 1000 万瓶。

公司薇姿 SPA 国际专注于给法国以外其他国家温泉酒店的建造和改造提供

建议和管理方法。

薇姿在法国南部、意大利、卡塔尔、摩洛哥、捷克建设有薇姿 SPA 酒店。其中在法国南部的蒙彼利埃建造的酒店已于 2015 年开张。

## 五、旅居产业

笔者研究了墨西哥坎昆的度假、旅居产业。墨西哥坎昆除了打造精神极致体验的旅居 IP 外，还建立了专门的自由贸易区，以“旅居+产业+文化贸易”为主要模式。

人们旅游的目的，除了拓展精神世界外，还有放松心灵。以“精神的极致体验”为核心价值的大型度假村正在受到越来越多人的追捧和关注，墨西哥坎昆的全包式度假村就是典型代表。

坎昆是墨西哥的著名旅游胜地，但在 40 多年前其还是一个只有 300 多人的僻静渔村。1972 年，墨西哥政府在坎昆投资 3.5 亿美元建立旅游区和自由贸易中心，并重点发展旅游业。经过 40 多年的经营、推广，目前坎昆已经成为每年可接纳大约 400 万游客的国际旅游胜地。在坎昆有许多大型度假村，它们为客户提供住宿、海边娱乐、运动等非常全面的服务，游客需要在入住度假村时交一笔费用，之后吃喝玩乐就不再交钱。

## 六、产业协同

笔者研究了斯德哥尔摩西斯塔科学城、剑桥小镇，其在教育与产业融合、城市创新方面的做法为示范区古镇产业、教育、旅游方面的发展提供了很好的参照。

### （一）斯德哥尔摩西斯塔科学城

西斯塔位于斯德哥尔摩的西北部，处在斯德哥尔摩大都市区的中心位置，离市中心和阿兰达国际机场仅有 15 分钟的车程，同时具有接近金融服务业集群和乌普萨拉大学城的优势。

为了加强西斯塔的地位与发展，斯德哥尔摩市政府当地企业、斯德哥尔摩大学以及其他机构于 2001 年联合组成了“西斯塔科学城”这一合资机构，采用三角（产、官、学）螺旋模式来负责整个地区的产业、商业及社区发展。西斯塔科学城是西斯塔科学园结构调整和功能提升的结果，于 2005 年被美国《连线》杂志评为全球第二个最有影响力的高科技中心，其地位仅次于美国硅谷。

西斯塔科学城树立科学驱动的发展理念，把大学和企业紧密联系在一起，借助这一平台达到大学研究成果与市场准确对接以及企业所需的原创技术在大学中顺利研发的目的。西斯塔科学城合资机构的成立，实现了西斯塔由科学园到科学城的转变。该合资机构通过与市政当局合作，在城市规划中扮演重要角色，不但整合集群内部不同的组成要素，还影响着产业、住房、基础设施的发展。科学城新的规划打破了企业之间泾渭分明的分布格局，强调增设绿色的步行空间和园区内经常会面的场所，以增加闲暇时间，方便不同企业间员工的私下交流。在办公设施附近专门规划的餐饮店、咖啡店等服务设施，不仅提供了饮食服务，还成为科技人员交流信息的重要场所。此外，政府专门开通了斯德哥尔摩市区至科技城的轻轨。

除了探索三角（产、官、学）螺旋的地区产业模式，西斯塔科学城还成立创新孵化器把来自企业、IT 大学和研究机构的开发理念产业化；同时建立有针对性的人才培养机制，如 20 世纪 90 年代，瑞典皇家理工学院和斯德哥尔摩大学共同投资 1 亿瑞典克朗在科技城成立了信息通讯学院，形成了一套有效的产业人才培养及供给机制。

### （二）英国剑桥大学与剑桥小镇

剑桥大学是 13 世纪初创建的，位于英格兰东南部卡姆河畔的剑桥市。剑桥大学城是随着新学院的陆续建造和老学院的不断改扩建形成的城市，街市上的建筑融入了古老学院的建筑风格。大学与城市发展休戚相关，以宜人的尺度融入城市，形成校园与城市一体化空间。剑桥大学城的发展，主要得益于高等教育的发展，其他的城市功能如居住、商业、服务业、经济活动，则主要在近郊开展。通过研究，我们总结了剑桥小镇发展模式如下：

1. 令以教育为主的可持续发展的用地布局

剑桥大学城所在的剑桥市有 30 多个院校，其用地布局呈圈层分布。全市以高等教育及科研、文化用地为主。生态绿地以廊道、镶块的形式嵌入圈层用地布局中。

2. 令教育与城市功能融合

在交通和景观上，交通的便捷性既可以增加资源的共享高度利用，又可以提高周边用地的开发价值。景观的连通性使得大学城片区的城市风貌协调统一，彰显大学城区域风貌特色。

3. 令城镇与大学共享资源

大学城的旅游、文化和服务产业已成为自身空间的一种特色，并与城市的产业结构有机地结合在了一起。

4. 令社区互动

剑桥大学城用地布局的最大特点在于邻近的社区之间存在着许多服务与被服务的关系，知识交流互动、文化渗透共同发展等现象。当地的居民较其他地区的居民花更多的时间进行文化知识的学习，并具有维护大学城内建筑文化与风貌的意识。

# 第六章
# 江南古镇发展困境与未来趋势

## 第一节　江南水乡完整性的消失

### 一、“江南水乡”的完整性需要保护与重塑

在历史进程中，江南水乡城镇逐渐失去商业大镇的光彩，加上在经济利益的驱使下经历过一段破坏式的发展，所以其中的大多数市镇已经不再具有人们心目中的江南风貌。随着现代化、城市化进程的加快，江南水乡的自然和文化景观都发生了很大的变化，甚至可以说已经变成了现代化的都市。当下，江南水乡古镇普遍都在进行旅游开发，它们展示出的“江南”“水乡”“小桥流水人家”等景象及具有地方特色的文化内涵，正在替代历史语境和文化语境以及情感想象中的“整体性的江南”。因此可以说现在的“江南水乡古镇”，正在取代长期以来人们所熟知的“江南水乡”。

如何理解“江南水乡”的完整性？

突出普遍价值（OUV）是联合国教科文组织（UNESCO）评选世界遗产时的主要依据。按照《实施保护世界文化与自然遗产公约的操作指南》，OUV 指“文化和/或自然价值是如此罕见，超越了国家界限，对全人类的现在和未来均具有普遍的重要意义”。

江南水乡是宝贵的中华遗产、人居典范。其突出普遍价值在于：江南水乡根植于“水”环境，形成了“小桥、流水、人家”独特的自然景观和生活特征，其规划格局和建筑艺术在世界上独树一帜，形成了独特的地域文化现象，

并影响了江浙范围内的建筑设计、聚落设计，是体现“天人合一”思想的理想居住环境的杰出代表。江南水乡古镇见证了中国古代经济中心的南移。

周庄、同里、乌镇、西塘、角直是江南水乡古镇的典型代表，具有江南水乡古镇的突出特征，其突出普遍价值表现为交流价值、典范价值和人地互动价值。

所以，江南的完整性应该是物质、社会、文化、经济过程在时空上的集结。虽然江南古镇保留了历史建筑的传统特征、有江南特色的空间组织肌理、有历史延承性的居住生活形态以及民俗文化、地方精神，但是江南水乡古镇并不是江南水乡。

文化传统里的“江南水乡”的物质空间与其所依赖的社会、文化、经济背景之间的联系需要我们重新建构。江南水乡的突出普遍价值是一个完整的系统，涉及历史、文化、艺术、科学、审美等方面，保护与重建江南水乡整体的地域环境，严格保护历史遗存、文化象征、历史景观空间、文化肌理空间需要建立更为广泛的认知边界和重构体系，突破古镇保护与旅游发展的“三区三界”（三区三界是依据镇域空间尺度，从遗产保护和旅游发展的角度建立的模型。三区为核心保护区、旅游功能区、行政管辖区；《历史文化名城保护规划规范》中保护界限的划分体系为：核心保护区、建设控制地带和环境协调区）。

## 二、“江南水乡”价值的丢失与重建

“江南水乡”相较其他被文物式保护的遗产有更为综合的价值，突出表现为传统的历史建筑风貌、独特的空间组织肌理、有历史延承性的居住生活形态及文化。但由于其完全暴露于城市变迁、社会转型的大环境中，不可能得到“真空式”的保护，所以面临着更多、更复杂、更动态的内部变化及外部干预。旧城改造、地产开发、功能调整、旅游产业植入，这些都使江南古镇面临着物质遗存被损、原住民搬离、历史记忆丧失、过度商业化等危险。在经历过“历史性破坏”“建设性破坏”和“商业性破坏”后，人们对江南古镇的认知变成了全民经商、原住民外迁、社会结构变异、房地产化，部分古镇日趋景点化、主题公园化、小商品步行街化，有的出现了贵族化倾向。

景区型的古镇强调展示那些容易引发游客对传统“水乡”或“古镇”联想的元素，或者是更具有娱乐性的元素，而曾经支撑集镇发展的民俗和文化内涵并没有得到全面而充分的体现。古镇为了让游客观赏，会挑选那些具有商业价值的内容，向游客展示、展演经过商品化包装的、有营销价值的物品和文化活动，有真正的民俗，也有新创造出来的“民俗”。也有一些古镇把传统文化中的符号泛泛地收纳到古镇里，满足大家对文化遗产和文化记忆空间的想象需求。比如：西塘的“根雕馆”、周庄的“棋苑”和“汉方药陈列馆”、乌镇的“货币馆”和“木雕陈列馆”、南浔的“盆栽园”等。这些做法更多的是在遵循商业法则、商品化原则和营销的实用性原则，掩盖了江南水乡的历史文化信息源。

这些现象值得我们思考：如何认知、评估江南水乡的文化价值体系和在新的历史时期如何重构江南水乡的文化价值体系。历史城镇“城市记忆”“空间记忆”的唤醒应该成为当前遗产保护工作的重点。否则，商业市场的基本逻辑，会使古镇简单粗糙地模仿、复制、再造、标准化生产出各种迎合旅游审美需求的模块化产品，致使当地文化的自主性、地方性、民族性湮灭。

### （一）江南水乡文化价值体系

文化包括物质文化、制度文化和精神文化三个层次。物质文化指的是为满足人类生活需要而创造的文化；制度文化是人与人、人与社会关系的产物，包括社会经济组织、婚姻与家庭制度等；精神文化指的是人们的价值观、信仰及其指导和约束下的行为规范。文化表征即表征某个地域的物质文化、制度文化、精神文化的不同类型的文化景观的符号化和凝练表达。简言之，就是我们想到某个地方，脑海中首先涌现的东西。

江南水乡古镇构建了杰出的人居环境，蕴含的公益性、生态性的传统营造精神，集中体现了人与自然和谐共存的生态观和低碳发展模式。历史城镇的保护不是要冻结历史环境，而是将历史积极融入当代生活，要从旅游开发转向社区生活共建，从目标蓝图转向过程引导，从自上而下领导转向居民参与共建，转变历史城镇老龄化、空心化、异质化的趋向，构建服务功能完善的活力型城镇。合理利用遗产资源，可使历史城镇文化遗产资源的文化价值在更大范围内发挥更为长效的作用。

### （二）江南水乡古镇与苏州园林、杭州西湖、大运河的突出普遍价值对比分析

江南水乡古镇具有独特的突出普遍价值，是中华文化的重要遗产、对人类现在和未来具有重要价值，其对比如表 6-1 所示：

**表 6-1 江南水乡古镇与苏州园林、杭州西湖、中国大运河的 OUV 对比分析**

| | |
|---|---|
| 苏州园林 OUV | 没有任何地方比历史文化名城苏州的九大园林更能体现中国古典园林设计“咫尺之内再造乾坤”的理想。苏州园林被公认是实现这一设计思想的杰作。这些建造于 11~19 世纪的园林，以精雕细琢的设计，折射出中国文化取法自然又超越自然的深邃意境 |
| 杭州西湖 OUV | 她是一个具有文化意义的东方名湖，是中国景观审美风格的典型代表，体现了“天人合一”的特殊思想理念。西湖的堤、岛、桥、寺、塔等景观模式，在中国及东亚地区被广泛效仿，具有诗情画意的“西湖十景”，历经 7 个世纪留存至今，并曾在 15 世纪的朝鲜半岛声名远扬；中国传统文化注重将景观设计、营造如诗如画，体现人与自然和谐共处，西湖就是这一文化传统延续至今的见证 |
| 中国大运河 OUV | 历史悠久、长度最长，至今仍发挥运输职能，体现巨大的经济和社会价值；世界上第一条跨越不同流域，并能够从一条河流的河谷攀升到另外水平高度河流河谷的水道；在水闸、水库、大坝、桥梁等科技、建筑、文化上具有里程碑意义。其真实性在于：过去通航，现在还在通航；过去开垦，现在还在开垦；过去运粮，今天北煤南运；过去是大动脉，现在还是大动脉 |
| 江南水乡 OUV | 江南水乡根植于“水”环境，形成了“小桥、流水、人家”独特的自然景观和生活特征，其规划格局和建筑艺术在世界上独树一帜，形成了独特的地域文化现象，并影响了江浙范围内的建筑设计、聚落设计。是体现出“天人合一”思想的理想居住环境的杰出代表。江南水乡古镇更是中国古代经济中心南移的重要见证 |

### （三）江南水乡古镇的文化表征

江南水乡古镇的文化表征具体包括：古桥古渡、枕河人家、园林府邸、寺院宗祠、独特饮食、水乡服饰、吴侬软语、民风民俗、历史名人。

### （四）江南水乡古镇旅游的市场

中国是世界主要旅游目的地，出境旅游花费居世界前列。2019 年国内旅游人数 60.6 亿人次，国内旅游收入 5.6 万亿元，分别比上年增长 9.5%和 10%。入境旅游人数 1.43 亿人次，国际旅游收入 1296 亿美元，分别比上年增长 1%和 2%。国内居民出境旅游人数约 1.66 亿人次，比上年增长 11%。全年将实现旅游总收入 6.52 万亿元，同比增长 9.3%。日本、韩国、美国、加拿大、英国和澳大利亚是我国主要客源地。

全国范围内，真正对国外游客具有吸引力的中国古镇旅游品牌非常有限。

以情景生活方式为核心，营造浓郁的地域风情吸引游客的江南水乡古镇以乌镇为典型代表，完全保留了传统生活形态，并注入高端休闲和商业业态，吸引了中外游客。

江南古镇由于空间承载力有限，大多只是旅行社提供的精品旅游线路中的一站。

古镇旅游市场上，英国是我国最大的客源，日本、韩国其次。阳朔古镇是英国游客的热门搜索古镇，而日、韩游客分别偏向于搜索丽江、香格里拉（见表 6-2）。江南古镇中的四大古镇在国际上的竞争力有待提升。通过搜索相关数据资料，结合网站搜索量进行对比分析，如图 6-1 所示：

**表 6-2 国外游客古镇旅游搜索对比**

| | 英国 | | 韩国 | 日本 |
|---|---|---|---|---|
| 古镇 | “古镇” + “tourism” | “古镇” + “tour” | “古镇” + “여행” | “古镇” + “觀光” |
| 大理 | 约 671000 条 | 约 8760000 条 | 约 30400 条 | 约 1270000 条 |
| 阳朔 | 约 1200000 条 | 约 19000000 条 | 约 198000 条 | 约 333000 条 |
| 丽江 | 约 3450000 条 | 约 1800000 条 | 约 556000 条 | 约 6110000 条 |
| 乌镇 | 约 489000 条 | 约 12500000 条 | 约 4280 条 | 约 867000 条 |
| 香格里拉 | 约 1300000 条 | 约 11100000 条 | 约 750000 条 | 约 173000 条 |
| 凤凰 | 约 301000 条 | 约 7360000 条 | 约 69500 条 | 约 15400 条 |
| 周庄 | 约 529000 条 | 约 8450000 条 | 约 7210 条 | 约 31300 条 |

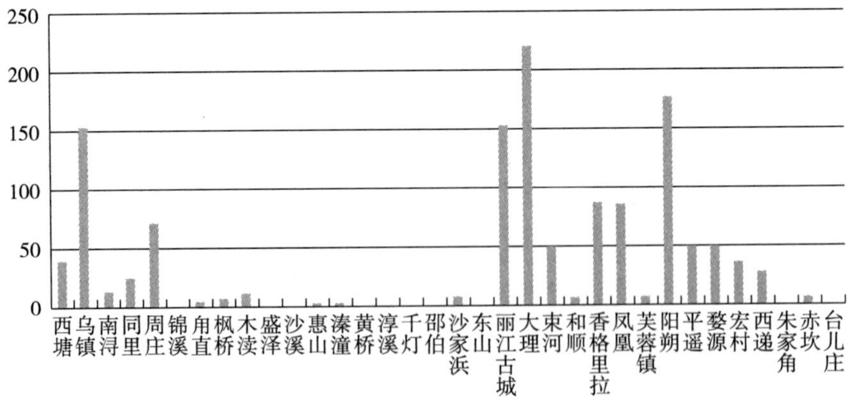


**图 6-1 国内游客古镇旅游搜索对比**

通过网络、预订网站等相关数据资料分析，国内旅游市场中，大理、阳朔、乌镇、凤凰、周庄等古镇更多地进入主打旅游线路中。对比分析而言，崛起于江苏的古镇旅游的先发优势在弱化，古镇旅游的吸引力在多极化市场中逐渐减弱。

古镇旅游市场分为三大聚集区：云南聚集区、江南聚集区、湘桂聚集区。其中，大理、丽江、阳朔、乌镇的市场占有率较高，成为一线古镇；香格里拉、凤凰、周庄的市场占有率仅为20%左右，属于二线古镇。

目前古镇旅游仍然是以“游”为主要特征，根据古镇旅游相关数据分析，游客大部分以休闲度假、体验古镇风情、放松心情为目的（见图6-2），多是自助游，主要进行历史建筑观赏、街巷街坊游览、河道乘船游玩（见图6-3）。

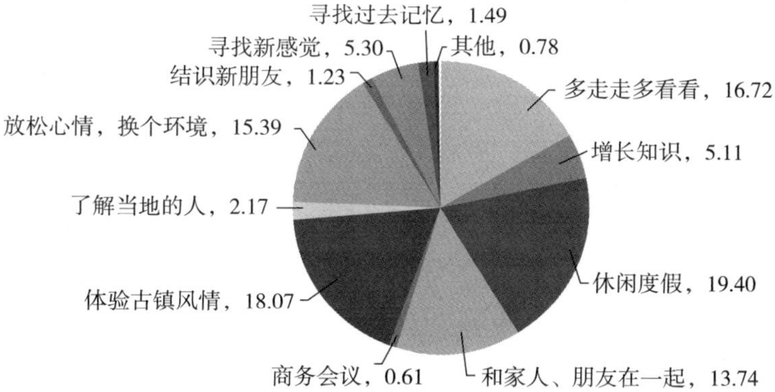


图6-2　游客旅游的目的

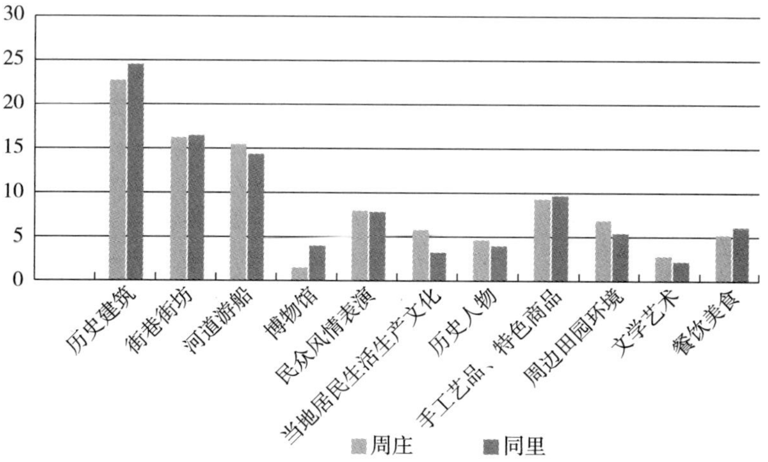


图6-3　游客游览偏好

### 三、江南水乡古镇保护与利用融入区域一体化发展战略

在我们的认知里：江南水乡古镇应该一直是江南人安居乐业的生活空间，同时也是外地访客、世界游客生命行走的体验场域。

在有关世界文化遗产的重要文献中，“遗产保护”的核心关键词经历了“利用（Use）—展示（Exhibition）—阐释（Interpretation）—旅游（Tourism）”的演变，发展与可持续保护所占的比重在逐渐变大。这反映出“旅游与遗产”内在的天然联系，旅游在遗产保护与发展利用上的功能角色日益增强。因此，古镇在我国对应着“全国特色景观旅游名镇（村）”的概念，表现出我国对历史文化名镇（村）保护与利用的认识进一步升级。当下，文化遗产管理的目标已从关注物质遗产保存转向对遗产经济社会价值的保护与利用，遗产被作为资产纳入城市发展框架。我们应把江南水乡古镇放置在城市遗产保护的范畴中，对古镇所在地区的交通、空间、环境、产业进行思考和规划统筹，将江南水乡古镇的保护和利用融入城市可持续发展的战略中，改变旅游布景式或短暂表演性的保护方式，以让历史文化古镇成为一个富有活力的真实世界，全面改善民生，并传承历史、文化传统，真正达到社会教育、精神信仰传递的目的。

## 第二节　江南古镇发展的困境和阻力

是发展经济，还是保护遗产？是先保护人，还是先保护物？是做发达小镇，还是做特色小镇？是要富，还是要美？是看现在，还是看未来？

### 一、经济发展的困境

古镇首先是一个“省—市—县—镇—村”行政区划制度下的小城镇，是真实生活的承载体，只是由于历史遗存而成为一种具有特殊风貌的城镇组成部分。由于采用了保留历史环境这样一种有别于现代常规的土地利用方式，派生出基于文化遗产再利用的特殊的土地使用价值，从而使古镇区别于普通的现代城区

（阮仪三、袁菲，2010）①。但古镇首先是一个镇，本质上同一般意义的镇没有区别。因此，大多数古镇面临着：重生内涵发展机制和特色产业培育机制、重构联系城市和乡村的“枢纽型”功能、推动城镇化建设和社会主义新农村建设等任务。执行上级国家行政机关的决定和命令，加强行政事务管理和基层职能建设；缓解引进企业与地方企业之间的竞争；解决“三农问题”和社会稳定问题；处理乡镇债务等，往往成为地方政府的头等大事。

## 二、遗产保护的症结

历史遗产保护是一项长期而艰巨的工作，既有“要不要保护、保护什么、怎么样保护”的疑问，又有“缺钱、缺人、缺理念”的现实症结。老建筑要不要拆、老居民如何安置、产业路径如何选择、资产措施如何解决，诸多问题都是遗产保护不得回避的问题。这其中的一个重要问题就是古建修缮问题。古镇建筑的产权几经易主或收归国有，古镇里的宅院居住者基本都不是房主的后代，这导致古建的修缮和交易很难进行，基本上不能配合地方政府的古建保护与开发工作。

历史文化街区的保护管理，应当在文化传承创新、社区居民参与等方面进行更加细致与科学的实践探索，推进社区生活品质提升、街区多样性特征维持、基础设施改善等方面的工作。同时政府应更多地关注文物古迹、历史建筑和传统风貌的再生、活用，注重居民生活与文化旅游、商业开发的协调和平衡，开展有效和有序的规划控制引导。街区商业业态的调整和街道环境景观的维护管理，既是一项系统的设计工程，更是一种细致的社会管理工作。

◇ 对于阻碍传统村落保护的房屋产权问题，安徽等地进行了破题。来自北京的张崇军认保了黟县宏村镇茶行弄的一处清晚期的古民居，投入120多万元对古民居进行了修缮，包括屋顶翻漏、承重梁更换、电路改造等，原来破败不堪、漏雨严重的老宅子，如今成了游客感受徽文化的好去处。这得益于安徽省黄山市制定了《古民居原地保护利用产权转让管理暂行办法》等一系列文件，规定只要能很好地保护古民居，无论个人还是集体在受让之后，都可以办理古民居土地转让、房屋权属登记，解决了产权问题。

---

① 阮仪三，袁菲．迈向新江南水乡时代——江南水乡古镇的保护与合理发展［J］．城市规划学刊，2010（2）．

◇“必须跟时间赛跑。”黄山市文化委员会总工程师胡荣荪说，急需打破古民居产权转让“瓶颈”，调动社会各界共同参与古民居保护利用。否则，再过3~5年，又将有一大批古民居永远消失。据介绍，近几年来，私下交易获得古民居使用权的有200多户。“与其让古民居私下里悄悄地买卖，不如光明正大地流转。”胡荣荪认为。当下，企业也成为村落保护的重要力量。据胡荣荪介绍，徽派建筑保护开发的投资比例是1：6：3，其含义是在安徽古建筑保护的投资中，政府占10%，国有大中型企业占60%，民营和个体为30%。在为黄山“百村千幢”工程投入的近50亿元资金中，政府拨款约占30%，以国有大中型企业为主导的市场融资比例占70%以上。

## 三、现代化的冲击

随着现代化城镇建设规模的扩张，许多古镇被高楼大厦、高速公路所包围，古镇遗产景观日益碎片化、盆景化。古镇这种特殊的城镇，应创新土地利用和区域发展模式，以避免小城镇盲目进行城市化、现代化进而呈现“高大空”、“新房旧貌”、“千镇一面”、毫无地方特色的景象。

◇法国长期保持着世界旅游大国的地位，2014年法国接待外国游客8370万人次，排名世界首位。法国旅游业持续发展壮大与法国文化大国的地位是分不开的。法国政府一贯重视历史文物古迹保护，把保护人文景观当作持续发展旅游业的基础。法国政府还特别注意避免为了旅游开发而造成文化景观的过度商业化。在文物保护方面，法国不仅注重某个特定文物古迹的保护，而且关注维护和保存这个特定文物所处的整体环境，避免出现“一个古老的教堂深陷在现代化高楼大厦中”的尴尬景象。以里昂为例，这个城市依然完整保留着一个拥有12~16世纪建筑的老城古街区，保护区内有250栋被保护的建筑。19世纪以后的建筑则在风格上与古建筑十分协调。法国政府对这个保护区内的居民做了特殊安排，在保留民居外貌的同时增修现代化厨房和卫生设施，留住了原来的居民。老城区只允许当地居民车辆进入，从而减少了保护区内的交通流量，这个老城区被联合国教科文组织列入世界文化遗产。

## 四、转型升级的困惑

在新的供需关系、新技术竞争环境中，各类型旅游目的地都面临重组、重建、再造、转型等发展命题。古镇更加面临着：旅游容量饱和，旅游产品均质化，旅游生产率低（劳动力、土地、能源等生产要素的利用效率），当地社区没有有效参与，过度城市化、商业化和现代化严重侵蚀传统的古镇地域文化景观等问题。

## 五、文化传承与商业化的矛盾

在“建设社会主义文化强国，增强国家文化软实力”“加强国际传播能力和对外话语体系建设，推动中华文化走向全世界”的要求下，以及在旅游全球化的力量超过本土化力量的背景下，积极发展文化旅游，促进文旅融合，加强文化产业基地规划和建设，发展文化产业集群，成为重要课题。古镇旅游开发存在国际型酒店、连锁餐饮、连锁零售商店等标准化接待设施建设与本地历史风貌保存的矛盾，如何通过文化传承和在地文化的张力凸显本土化的力量成为亟待解决的问题。

◇ 韩国把“整容观光”和“保健观光”开辟为招揽游客的新项目。韩国政府 1999 年制定《韩国保健产业振兴法》，并把保健产业打造成国家经济的战略性产业。医疗观光是一种高附加值产业，既能增加就业机会，又能带动旅游业发展。据悉，韩国政府正在实施一个“国际关爱方案”，争取在 2020 年吸引 100 万海外游客到韩享受“医疗观光”。

## 六、古镇开发的误区和阻力

开发利用古镇资源，除了要解决“大拆建、假古董、过度化”的问题，还要妥善处理资金筹措、产权认定、开发利用路径选择、原住民安置、产业协同等一系列问题。由于缺乏科学的开发建设理念，一些建设问题不够明确，甚至陷入误区，比如：发展民宿、如何建立准入机制、如何审查监管等。

### （一）误区

长期以来，人们对文物建筑和历史街区的保护利用存在着种种错误的倾向：
其一，重视新功能的开发，轻视原功能的保持。
其二，重视商业性开发，轻视公益性利用。
其三，重视旅游景区开发，轻视生活环境维护。

其四，重视显性功能开发，轻视隐性效应发挥，忽视了环境、景观的社会、文化、生态等综合价值。

此外，还存在过度开发、不合理使用等倾向，例如在集中展示非物质文化遗产方面，有的人甚至认为场所无所谓真假、“非遗”能得到展示和传承就好。

## （二）阻力

### 1. 休假制度

当下，居民旅游正在由观光旅游向休闲度假旅游转变，由被动式旅游变为主动式旅游，出游时间的多元化、“休假时间的私人定制”正在成为新的需求。影响居民出游的因素由物质性过渡到精神性，休假制度成为制约居民出行的主要因素。

### 2. 市场和监管

在线旅游业的快速发展，使传统线下旅行社受到强大的冲击。在线旅游业因选择多元化、满足差异化需求的优势受到人们青睐，发展势头强劲，在线交易规模逐年加大。但在线旅游业持续扩大的规模给旅游安全增添了风险，同时在线旅游业监管体系的不完善也加剧了旅游安全的严重性。目前在线旅游业由服务问题、合同纠纷、霸王条款、虚假宣传等引发的旅游纠纷、旅游服务质量事故数量不断增加，严重影响游客出游体验。因此，提高在线旅游业的服务质量、完善监管体系和制度是必然趋势。

### 3. 供需矛盾

我国已经进入大众旅游时代，古镇旅游是大众旅游时代的产物。与世界上绝大多数国家相比，我国大众旅游的特殊性在于：一是旅游人口基数巨大且经常出现突发式增量。由于人口基数大，且旅游需求增长迅速，我国常常出现旅游增量放大、出行时间与流向相对集中、短时和局部发生爆发式增长的现象。二是散客化旅游带来全域化需求。随着家庭用车的普及和高速交通等基础设施的改善，我国跨入了自驾车和自由行时代，旅游迅速由少部分人的时尚追求变为大多数人的生活方式，交通的改善、信息技术的进步，让人们有更多、更自由的选择。三是文化旅游需求大幅上涨。文化旅游产品是我国旅游产品系列中最有潜力、最有活力、最有魅力的组成部分。旅游也从先前的观光游览，转变为放松身体、放空心灵、放飞自我的休闲度假。同时，信息与科技的进步使旅游和文化融合变得更有创意、更有魅力，在不断满足人们变化着的旅游需求的同时，引导着人们的旅游消费倾向，文化旅游需求将大幅上涨。供需矛盾仍然是今后一段时间我国旅游业面临的主要矛盾：在时间和区域上存在量的供给不足；在服务能力、服务水平上存在质的不足。比如存在旅游市场秩序混乱与“人民群众更加满意的现代服务业”不相符、旅游公共服务及交通等基础设施的建设与旅游市场需求不相适应、企业对门票经济的过度依赖与普通游客的承受能力和期待不相适应、高质量的旅游产品与人们的实际需求不相适应等问题，这些都将持续影响我国旅游业的声誉和效益。

4. 收益的转化

摒弃“门票经济”是“全域旅游”发展的必然趋势。要想摆脱“门票经济”，根本还是要打造“全域旅游”新格局，畅通旅游“产业链”，以促进游客的二次、三次消费。长期以来，国内旅游产品的发展有一个定向的思维模式，那就是建景点、收门票，尤其是古镇景区，其门票收入甚至可以说是该区域旅游经济的“支柱收入”。然而随着经济体系的发展和变化，旅游经济已经由单一的“门票经济”变身为多要素组成的“全域经济”。这就需要改变传统的思维定式，推进经济模式转型，改变单一的“门票经济”，实行收入手段多元化。如提升旅游产业的附加值，通过发展和旅游密切相关的服务产业，向游客提供人性化的服务，让游客从“观光”变为“度假”，打破传统的运营方式。

5. 规模和承载量

经过 20 多年的开发，古镇旅游所面临瓶颈是发展模式，是旅游产品供给的规模和承载量的限制。虽然古镇发展也悄悄演变出了不同的模式，比如乌镇，西栅景区整体开发，把原住民迁出去，成了小桥流水没人家；周庄商业气息很强，不少外地人租房开店，成了小桥流水商人家；西塘商业气息也浓，但原住民还在，不过大多是老年人，所以是小桥流水老人家。

由于游客的游览时长、观光空间的限制，如今，很多江南古镇从“点”连成了“线”，已有抱团发展、整体壮大的趋势。比如：吴江至青浦、吴江至嘉善的 7618 路和 7619 路两条公交专线正式开行。这两条线路，把朱家角、黎里和西塘三个古镇串联在一起，便于更多游客“打包”一并游览。但这只是延长了时间、延伸了空间，并没有解决更根本的问题。

## 第三节　江南古镇发展的若干路径和方向

古镇保护是地方化的重要手段，可持续发展是古镇保护的基本诉求，旅游发展是古镇振兴的优选路径。

其一，“遗产保护+旅游”（参照：伯尔尼、卢塞恩）。

颁布文化遗产、自然环境保护的相关规章制度；政府推行优惠政策、进行资金补贴；合理规划建设用地，维护遗产及周边景观环境。

其二，“产业聚集+旅游”（参照：斯德哥尔摩、釜山）。

精准把握城市文化的脉络、格局、特性，强调地方性和社区融入，看重产业融合和“地方营造”，推动产学研“三位一体”，提高区域发展的效率和品质，进而推动城市文化产业的多元化、融合、创新。

其三，“生态发展+旅游”（参照：马尔默、里昂）。

统筹规划区域发展路径，丰富产品体验体系，开发适合多种类型人群的消费产品，同时注重生态和景观的统一打造，实现区域发展整体统筹、创意规划。

其四，“故乡再造+旅游”（参照：日本）。

以“人”为核心重构魅力故乡，居民从等待行政部门行动转变为自身行动，做自己力所能及的事，居民成为景观环境的营造主体充分发挥民间匠作体系在遗产保护和传承中的重要作用。

整体空间建构：通过民间匠作体系，进行建筑、整体环境保护、更新；非物质文化遗产的保护、传承；新的文化信仰中心的构建。

“限定文创贩卖”：规定文创产品交易仅限当地售卖。

再造“传统”的影响力：利用传统庆典凝聚当地居民和吸引外地访客。

## 第四节　古镇旅游发展的未来趋势

传统的旅游产业被科技推动发展。20 世纪 90 年代，互联网浪潮席卷旅游产业，互联网技术提高了旅游服务的效率和质量，也降低了旅游的价格，这是“旅游减成本时代”；到了 21 世纪初，伴随着社交网络的兴起，共享旅游平台成了新的热门，它们利用社交平台把有特色资源的一方和有旅游需求的一方连接在一起，满足了游客的旅游体验，这是“旅游+社交”；那么未来，随着人工智能、虚拟现实的普及和5G时代的到来，旅游的个性化需求将得到进一步满足，旅行者的体验能够分享给更多人，旅游将叠加更多虚拟内容，进入“旅游+实时互动”的时代。

◇ 2017年欧洲的在线旅游渗透率已经超过50%，是全球在线旅游渗透率最高的地区；美国的在线旅游渗透率2014年就超过了40%；到2017年底，包括马来西亚、阿拉伯联合酋长国、印度、巴西、中国在内的新增市场，在线旅游渗透率都超过35%。

## 一、打造文化旅游IP

泛旅游化时代的到来，使旅游市场面临着巨大的挑战，而要打破千镇一面的格局，需要先做好古镇文化IP，用独特的旅游资源构筑文化体验产品。非标准住宿、主题旅游就是这一类产品。

旅游不仅仅是一个休闲活动，同时也是一次文化感受活动，一次超脱日常环境的心灵体验活动。因此旅游行业具有文化与服务业的双重属性。

◇ 蛮子民宿。薛蛮子通过众筹资金在日本京都买下了20幢独特的百年町屋，分布在繁华的鸭川、二条城、金阁寺等地方。为了保留町屋的原汁原味，薛蛮子邀请日本建筑设计大师隈研吾来打造兼具度假体验的软装设计，请了日本最具特色的园林景观“枯山水”之父重森三菱的嫡孙重森子青来设计庭院。此外，“蛮子民宿”和日本的茶道（俵千家）、花道（池坊）、书道和香道（京都造型艺术大学）都达成了深度合作，还和上百家当地最有特色的餐厅合作，保证中国游客到当地吃、住、玩、学都获得正宗的体验。未来，“蛮子民宿”希望在京都拿下100幢以上的町屋，成为当地最大的町屋所有者之一。薛蛮子第二步要去威尼斯，和在日本一样，在那儿买具有本地特色的房子，并且联络当地最有特色的文化项目给中国人体验。接下来，他还要做巴黎附近的枫丹白露、塞纳河边，以及英国伦敦附近的城堡住宿，还要推出印度洋上的水上别墅。拥有超高的文化理解力，拥有更多的稀缺文化资源，才有机会打造出文化旅游的IP。

## 二、社交旅游，打造知识型社区

因为互联网提升了旅游的效率，所以文化变得更加重要。除了本地资源，大家有共同兴趣领域的资源优势也会在旅游领域得到凸显。

◇ 越来越多的游客希望在娱乐的同时，学习礼仪、管理、鉴赏等方面的知识，以此来提升自身素养，这就意味着，各个领域的专业机构和专业人才都可以和旅游形成跨界合作。比如有人喜欢红酒，也觉得自己对红酒的文化理解还不错，他就会组织“红酒之旅”，带朋友圈的熟人到法国或者美国品红酒的话，这一定不是哪个旅游目的地来安排。这个社交网络的核心变成了人，他会讲法国红酒现在只剩历史了，所以去法国品红酒，只会给你讲历史，反倒是美国红酒，尤其是加州红酒，有好多小酒庄追求酿出极致品质的酒，当地叫 Cult Wine，Cult 是邪教的意思，翻译过来勉强可以叫膜拜酒，追求极致的意思。所以才会有 1976 年美国和法国葡萄酒比赛，美国完胜法国队。

## 三、新技术场景下的“实时交互+旅游”

旅游需求的核心是用户体验，在技术的支持下，用独特的文化资源满足游客的体验，资源的市场优势也会被迅速放大。人工智能、虚拟仿真技术、5G 的高带宽传输让旅游场景进一步升级。

◇ 很多人会说：“如果戴上 VR 眼镜就能全世界旅游，我肯定不出门了。”其实恰恰相反，我们反倒会更爱出门，因为我们可以把自己看到的景色实时地分享给朋友。现实技术在满足人们基本需求的基础上，把虚拟情节叠加到现实场景里，营造出虚拟空间，有助于满足游客的个性化需求。

# 第七章
# 示范区古镇总体发展思路

## 第一节　发展愿景

自 14 世纪“文艺复兴”以来，欧洲建筑和城镇保护理念、理论和实践的发展呈现出一幅幅清晰的图景。对比意大利、法国、英国和德国走过的漫长历程，如果说“伤怀”催生了意大利人的保护，“破坏”惊醒了法国人的修复，“情感与追忆”引发了英国人的保护，对“民族身份的强烈追求”刺激着德国人的保护，那么“中华复兴的中国梦”则激励着我们对江南文化和江南水乡古镇的保护。

任何一座城市在面对保护与发展的命题时，都要回望这个地域的文化渊源，不管遵循何种流派、理论，都要寻找到哲学和美学的基石。意大利人钟情“时光古色”，法国人追寻“历史语境”、英国人热爱“崇高”与“风景如画”，德国人推崇“高贵的单纯和静穆的伟大”。

江南之所以独具特色，是因为江南文化除去一般看重的财赋（物质基础，如天府巴蜀）和文人（文化积淀，如齐鲁地区），有一种超越儒家实用理性，代表生命理想的审美自由精神，即心灵与精神的自由（生命最终“向何处去”），把中国文化精神提升到一个新境界。鉴于地理、历史、社会、政治、经济、人文等因素影响，江南形成了独具特色的文化精神——诗性文化，这种文化特性体现在山水、人文、建筑、艺术，乃至生活等方面。江南诗性文化是中国人文精神的代表，江南审美生活是中国历史上精致的古典生活方式。

海派文化是上海在中国江南传统文化（吴越文化）的基础上，融合开埠后传入的对上海影响深远的源于欧美的近现代工业文明而逐步形成的特有的文化现象。海派文化既有江南文化（吴越文化）的古典与雅致，又有国际大都市的现代与时尚；区别于中国其他文化，具有开放而又自成一体的独特风格。“海纳百川，兼容并蓄”的海派文化，体现在上海文化的方方面面，如建筑、舞台、音乐、饮食、居家、文学、意识等。海派文化就是尊重多元化、个性，兼顾个人和社会利益，以契约精神为主导的理性的、随和的、较成熟的商业文化。

唐宋时期赋予了江南独特的文化，让江南真正变为一个包含着美丽、文气与富庶，被世人不断向往和憧憬的地方。随着经济重心不断南移，江南地区的发展逐渐加快，到了北宋中期，江南已经成为当时全国经济较发达的地区，而如今的长江三角洲也是中国经济较发达的地区。当前的长江三角洲已然成为比任何时代联系都更加密切的经济共同体，发达的物质条件为文化创造提供了坚实基础，但就当下江南地区的精神文明和文化建设而言，尚不能完全满足新时代居民消费需求，这是我们重提江南诗性文化的重要原因之一。同时其他方面的需要，也为精神含量很高的古典江南文化提供了重新出场的契机和现实空间。江南诗性文化的现代性意义，主要在于它可以提供一种解决后现代文化问题的古典精神资源。在当下的消费时代，守护和开发好这一沉潜的诗性人文资源，依据它创造出一种诗化新文明，是对江南传统文化与生活方式进行研究与阐释的根本目的。

基于对江南文化与哲学源流的梳理，我们提出：诗意栖居、心灵江南的感知主题，将江南文化中的人文品位“诗情画意”和江南心灵“一切智慧皆消融于美”，作为江南文化示范区古镇保护与创新发展的哲学与美学基石。

示范区古镇发展的总体愿景：塑造具有国际影响力的旅游品牌，承延江南文化遗产，成为全球城市人居环境的创新典范。以生态品质、生态文明、生态环境为基础，以“诗意栖居、心灵江南”为感知，创新性地保护和利用好古镇文化资源，以文化为内核促进信息科技、人工智能与文化旅游产业的融合，整体构建新型产业空间、生活空间和国际交往空间、全域旅游空间，一体化推动地方环境塑造、功能构建和价值提升。

## 第二节　发展目标

发挥长三角生态绿色一体化发展示范区的示范引领作用，创新性地保护和利用好古镇文化资源，以文化为核，打造“新江南·新古镇”，整体构建新型产业空间、生活空间和国际交往空间，一体化推动地方环境塑造、功能构建和价值提升。

竞争目标：世界级文化旅游典范地区、世界知名的江南文化旅居目的地。

产业目标：江南文化创新产业策源地与贸易枢纽（永不落幕的世界贸易博览会）。

空间目标：江南水乡古镇遗产保护与人居环境创新典范。

## 第三节　发展理念

### 一、生态建设优先

江南水乡形态与生态文明品质融合，历史文化遗存与创新经济形态融合，文化旅游与古镇遗产空间融合。

#### （一）以生态环境为本坚持生态优先、绿色发展，推进生态文明建设

以高品质生态空间建设理念，统一保护、统一修复，强化对河道水网、湖泊湿地等生态空间保护，提高蓝绿空间占比。坚持把生态绿色作为高质量发展的普遍形态，加强对自然生态、传统村落、田园风光等资源的保护，统筹绿色廊道和景观建设，构建蓝绿交织、清新明亮的生态环境，促进区域生态保护与旅游经济协调发展，实现经济效益、社会效益、生态效益同步提升。

#### （二）发展绿色经济

依托古镇的文化、优美风光、特色产业，利用高新技术进行文化创意，探索生态友好型高质量发展新模式，打造国际一流的产业创新生态系统，构建更大范围的区域一体的产业创新链，形成数字江南的智慧资产、生态江南的绿色资产、水上江南的蓝色资产、创意江南的文化资产，打造多产业协同发展的联动格局。

#### （三）构建深绿社区

基于示范区以生态为基、力在打造创新高地和人居典范的发展要求，满足

区域国际化人才、高层次人群居住的需求，结合泛古镇区域打造深绿型社区、无废小镇与生态社区等，形成水城共融、多组团紧凑发展的生态城市布局，创造优良人居环境。

## 二、文化遗产保护及管理

### （一）将江南水乡古镇文化作为一个完整的生态系统来保护

古镇发展依托于自然、技术、经济、历史等各方面的条件。古镇保护要着眼于整体水乡风貌的保护，既重视古镇、古街、古宅、古村落的保护，也重视湖泊、湿地、田林的保护；既重视物质文化遗产保护，也重视生产生活方式、历史文化、非物质文化遗产的挖掘；既重视水乡传统风貌，也重视城市现代文明的辐射和网络联系。

### （二）重构"水乡生活美学"体系，营造诗情画意的生活方式

在尊重和保护遗产价值的基础上，整合各类历史文化资源，建立起"水乡生活美学"的文化与空间体验体系。江南水乡不仅是一种形式，更是一种精神，是在江南水乡特定文化中，从自然与人类融合的结构中产生出的一种气韵生动的审美精神，这是一种真正属于江南水乡文化的诗性精神。

### （三）古镇保护与现代化城市建设和谐发展

古镇保护与现代化城市建设应和谐发展，在保护古镇特色和传统文化的同时构建新型产业环境，形成古镇保护与现代化城市建设和谐共进的格局。

## 三、高品质创新融合发展

### （一）江南水乡形态与生态文明品质融合

河流纵横，湖泊棋布，水、船、桥、码头，是江南水乡文化地理景观主要的特色、结构和景象，是无数市镇聚落赖以成长、勃兴的前提，也是市镇街衢、建筑等空间模式和形态的重要构成要素。新江南的新景观是对水乡生态和形态的延承，应建立与现代城市融合的河流、水巷、桥梁、水埠、驳岸、舟船景观，

坚持水系、绿地、资源、环境等专项规划“多规合一”，系统编制水乡古镇片区规划，绿色开敞空间、旅游度假空间、循环经济发展等生态专项规划，促进生态规划与片区规划、产业规划、土地规划的衔接融合。

（二）历史文化遗存与创新经济形态融合

结合区域内互联网、大数据、人工智能、高端医疗、运动康复等新一代技术产业优势，走文化旅游产业与创意产业融合的路径。立足新需求、新消费、新体验，扩大和优化旅游供给，提升旅游文化内涵、科技水平、绿色含量，打造文化创意活跃、低碳环保智能、环境优美宜居的古镇旅游品牌和城市新地标。

（三）古镇遗产空间与文化旅游融合

构建“遗产保护+旅游发展+文化产业发展”的复合模式，增强江南水乡古镇的旅游活力和社会、文化、经济的竞争力。利用好古镇的历史记忆空间，发展历史文化旅游，促进动漫、影视与旅游业，文化遗产保护与旅游业，休闲娱乐与旅游业，艺术演出与旅游业以及会展与旅游业等多路径、全生态的融合。

## 第四节　总体功能定位

江南水乡的传统风貌，是数千年江南农耕文化的历史见证，是近千年文明发展积累的成果，在中华文化中独具魅力。我们应全领域保护和发展“江南文化”，构建生态保护、规划、管理的系统工程，充分考虑历史城镇保护的整体性及可持续性发展的路径和机制，打造江南水乡文化生态保护区。

### 一、新江南文化核心承载区

长三角一体化的重点是构建区域协调机制，而内在协调机制的形成离不开文化和价值的认同。“一体化”与区域合作、协同发展的差别在于，它需要共同的精神家园，文化作为社会关系的润滑剂可以增强凝聚力，增加认同感。区域一体化中的文化认同，是指该区域内各成员之间由于地理或历史原因，在长期交往中所形成的相同或相近的历史记忆、文化传统与价值观念。

长三角水乡古镇作为江南文化历史变迁、居民生活、产业发展的重要参与者、见证者和传承者，以其独具特色的生活生产生态方式，成为江南文化的典型意象载体。所以，水乡古镇未来要成为新江南文化核心承载区，共筑符合区域一体化发展要求的共同的精神家园。

## 二、美好生活空间示范区

古镇发展具有历史价值、当代生活价值、未来价值三重价值。历史价值是指基于历史、地理的族群等因素影响，古镇以自身为载体，让居民聚集和生活的价值；当代生活价值是指古镇作为因反工业化、反城市化而产生的空间载体，弥补了当下优质生活空间不足的困境，并具有与现代生活方式相融合创新的潜力价值；未来价值是指古镇作为文化基因、产业资源、生活空间、交往平台的持久价值。基于古镇发展状况、发展模式以及古镇三重价值，我们提出，未来古镇重在打造优质美好生活空间，使其成为中华遗产人居典范。

## 三、全国生态绿色发展先行区

习近平在《推动我国生态文明建设迈上新台阶》中指出，新时代推进生态文明建设，必须坚持好六大原则，强调“山水林田湖草是生命共同体”，不仅彰显了尊重生命的绿色生态价值观，而且还蕴含着与物共适的生态审美观。水乡古镇作为千百年来江南文化的重要承载者，不仅包含“山水林田湖草”的生态圈，而且也是生态美学的重要体现者。长三角生态绿色一体化发展示范区的创建，要实施绿色经济发展战略，倡导绿色生活（食住行游购娱、商养学闲情奇），打造全国生态绿色发展先行示范区。

## 四、战略级新兴产业创新发展集聚区

《长江三角洲区域一体化发展规划纲要》中明确了长江三角洲“一极三区三高地”的战略定位，即长江三角洲通过一体化发展，成为全国经济发展强劲活跃的增长极；成为全国经济高质量发展的样板区，率先基本实现现代化的引领区和区域一体化发展的示范区；成为新时代改革开放的新高地。长江三角洲区域数字化程度领先、产业协同互补、改革开放先行、国际交流频繁，尤其是G60科创走廊、华为项目、西岑科创中心、蓝色珠链“金融+”产业集群等一系列项目建设，为区域打造世界级战略产业集群奠定了基础。

## 第五节　空间发展体系

示范区要构建多核心的网络化空间，进行文化遗产空间、城镇空间、乡村空间、生态空间、创新空间的复合发展和融合渗透；围绕朱家角、金泽、练塘等古镇，塑造若干高品质宜居宜业宜游的人居空间；构建以蓝网、绿网、交通网、信息网为支撑的空间网络，以蓝色网络彰显江南水乡河网湖荡密布特色，以绿色网络锚固开发边界，以多模式交通网络带动城镇和功能区发展，以高速泛在的信息网络促进古镇智慧高效发展。示范区古镇的发展空间定位与布局构想蓝图如图 7-1 所示。

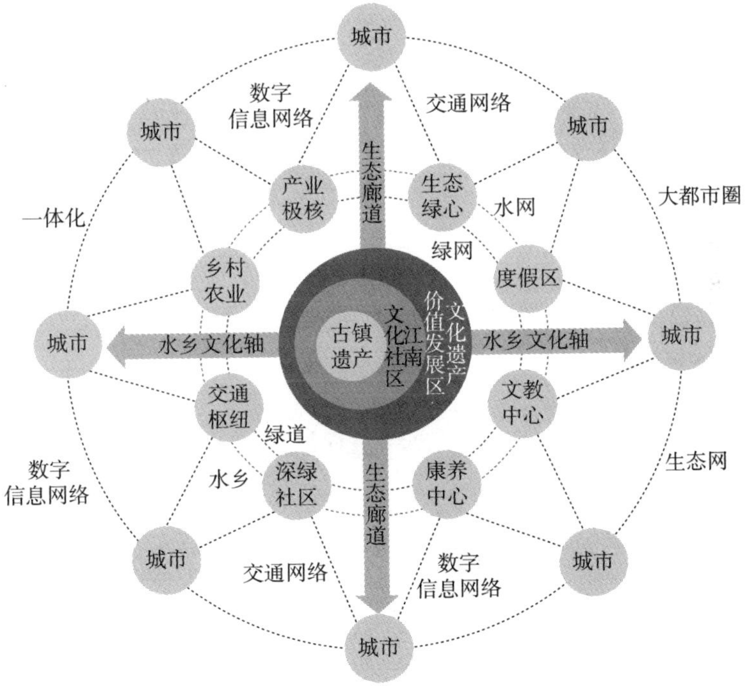


图 7-1　示范区网络构建蓝图

## 一、示范区古镇生态网络构建

构建示范区古镇生态网络，就是改变传统的规划设计模式，利用景观生态学原理，将自然生态系统和景观规划纳入总体规划设计，以天然水系为引线，构建蓝色——“诗画水乡”特色观光游览运河带，串联打造两岸文化主题展馆、博物馆等多种“金色”产业组团；以生态廊道为纽带，将示范区中相对独立的景观斑块联系起来，在示范区内打造一个连续而完整的“绿色”生态网络，成为城市的自然骨架，起到自然生态服务、保护生物多样性、景观游憩、引导示范区空间结构合理发展等功能。

示范区古镇生态网络是示范区生态系统结构与功能的核心纽带，为示范区生物多样性的保护、生态系统服务功能的发挥以及示范区古镇生态空间的合理规划等提供科学依据（见图 7-2）。

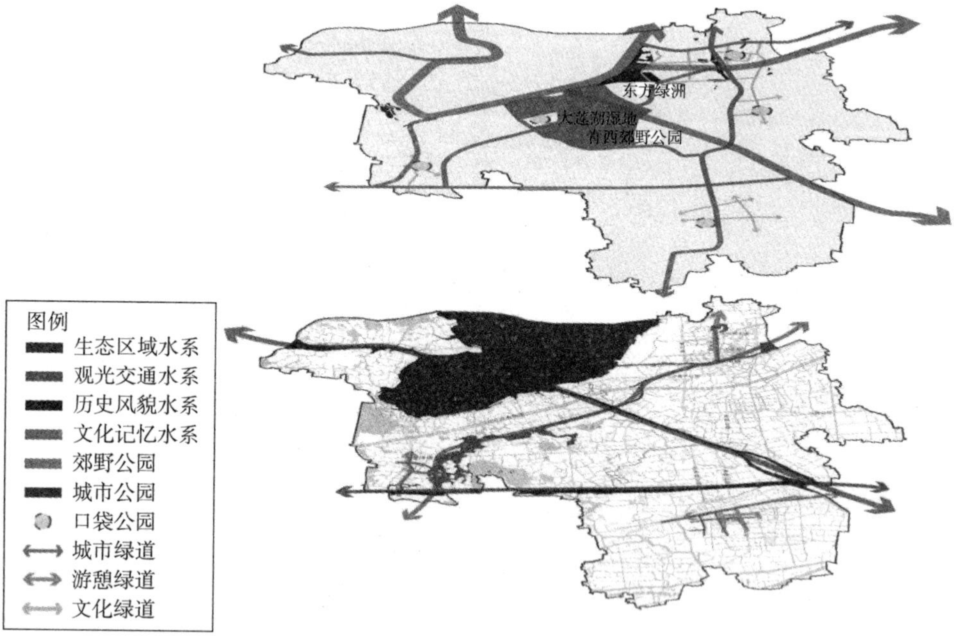


图 7-2　示范区古镇生态网络

## 二、生态网络、斑块与景观

示范区生态系统由绿地、湿地、建筑景观以及城市道路等构建而成，与示范区打造特“色”江南（蓝色、绿色、金色）的生态规划密切相关。蓝色资产是“诗画水乡”特色观光游览运河带以及连接起来的水上游线、水岸生态环境、水岸业态；绿色资产是由城市绿道、乡村绿道、生态旅游游憩道路、深绿社区道路组成的绿色网络系统，是示范区的生态优势；金色是产业网络，是整个生态网络的动力系统，加强了各个空间节点之间的联系，赋予了整个生态网络生命，确保了生态网络的可持续性发展。

生态斑块一直处于物质循环与能力流动过程中，它能提升示范区内的生态环境质量，包括减缓城市“热岛效应”、植物固碳、净化空气、消除噪声、调蓄水量、保持水土等，这也是示范区生态网络的主要生态服务功能。

在空间结构上，可以把生态斑块、生态景观看成是一张具有缓冲和恢复效应的网，既可以维持城市和乡村土地利用的动态平衡，也可以在一定程度上缓解城市扩张给城市生态带来的不利影响，引导城市有序发展并维持良好的城市景观格局。

景观格局由各种大小不同、形状各异、功能多样的景观构成，即景观在空间上的分布、各种景观要素的排列组合。景观格局在空间上可以分为随机型、均匀型或聚集型，对景观格局进行科学分析是进行景观生态规划与评价的基础，组合不同的景观要素、引入不同的景观类型可增加景观的空间异质性和稳定性，从而实现景观的可持续发展。在示范区生态系统中，对城市景观进行景观格局分析也是城市生态网络规划和管理的基础性工作，景观指数分析是景观空间分析的重要方法，其能够通过数据信息反映景观结构组成和空间布局的变化。景观指数主要有斑块类型面积（CA）、最大斑块占景观面积比例（LPI）、斑块聚集度（COHESION）、景观破碎度（DIVISION）、蔓延度指数（CONTAG）、香农多样性指标（SHDI）等（见表 7-1），可以综合反映城市的景观丰富度和空间连续性。

**表 7-1　景观指数解译表**

| 应用尺度 | 景观指数 | 单位 | 范围 | 释义 |
|---|---|---|---|---|
| 类别级别 | 斑块类型面积（CA） | $hm^2$ | CA>0 | 反映同一斑块类型的总面积 |

续表

| 应用尺度 | 景观指数 | 单位 | 范围 | 释义 |
|---|---|---|---|---|
| 类别级别 | 最大斑块占景观面积比例（LPI） | % | 0≤LPI≤100 | 反映景观类型的优势度 |
| | 斑块聚集度（COHESION） | % | 0≤COHESION≤100 | 反映某一类型的斑块聚集程度，值越大聚集程度越高 |
| | 景观破碎度（DIVISION） | % | 0≤DIVISION≤100 | 反映同一景观类型的分散程度，值越小则斑块数量越少、越单一，值越大则斑块数量越多、越破碎化 |
| 景观级别 | 蔓延度指数（CONTAG） | % | 0≤CONTAG≤100 | 反映景观里不同斑块类型的团聚程度或延展趋势。值越高说明某种优势斑块形成的连接性越高，反之则破碎度越高 |
| | 香农多样性指标（SHDI） | 无 | 0≤SHDI | 反映景观整体的异质性和丰富度，值越大则景观异质性和丰富度越高 |

示范区生态网络设计的关键在于节点的定位和网络的组成模式，网络包括廊道网络和斑块网络，廊道网络由节点和连接廊道组成，分布在基质上；斑块网络由异质种群生境斑块构成，并通过迁移进行联系。

随着生态网络内涵的不断扩展，示范区生态网络的构建逐渐向多功能方向发展。此外，生态网络规划也是一个线型的网络体系，虽然不能完全取代示范区总体规划，但是可以与示范区总体规划有机结合，从而更好地维持示范区生态系统的结构和功能，重新塑造整个城市的景观空间格局。

## 三、多核心生态复廊网络

示范区生态网络的内涵，是引入景观生态学相关理论支撑，并将景观生态学的“斑块—廊道—基质”模式转换为“点—线—面”模式，进而搭建示范区的“节点—脉络—结构”平台机制。

示范区要构建“一廊两区”的总体空间布局，通过太浦河、泖河等将练塘与金泽、朱家角等串联起来，重点发展古镇风情、乡野游憩、康体休闲、生态体验四大模块。

## 四、生态游憩体系

生态游憩空间（Urban Ecological Recre-ational Space，UERS）不仅是示范区空间结构的重要组成部分，也是衡量城市生态文明建设和居民生活质量的重要标准，在完善游憩设施、丰富日常生活、改善人居环境、提升城市形象、保障城市可持续发展等方面发挥着积极作用。

UERS 是对城市休闲、绿色空间、生态旅游、户外游憩等概念的延伸和整合。早在 1898 年，Howard 提出的“田园城市”理念就强调了绿地对城市建设的重要性。之后，Williams 也明确指出公园为城市提供了大量的游憩空间。钱学森的“山水城市”思想更是直接将中国山水理念与城市人居环境相结合，形成了具有中国特色的城市生态景观构想。

生态游憩体系是指在城市及近郊范围内，一切具有生态系统服务功能，并且可以满足居民日常户外游憩需求的地区或场所，具体包括由自然或人工景观构成的正式或非正式的具有自然属性和公共服务性质的空间单元，如城市公园、植物园、森林公园、湿地公园、街头及社区绿地、滨水空间等。示范区古镇打造生态游憩体系应遵循的原则如下：

### （一）凸显地方性

（1）尊重传统文化和乡土知识，挖掘示范区独特的江南水乡文化和资源，根据其设计“诗画水乡”文化产业轴，鲜明地表现古镇独特的文化魅力和气质，做有文化内涵的生态化设计。

（2）充分整合古镇旅游区的自然资源，注重凸显“水文化”使游客在娱乐的同时能够真正地和大自然融为一体，做可以亲近自然的生态化设计。

（3）采用乡土材料，在反映当地特色的同时，降低其管理和维护的成本，做节约的生态化设计。

### （二）保护与节约自然资本

（1）游憩方式凸显资源保护。示范区的生态系统已比较脆弱，一旦遭到破坏就很难再恢复，游憩方式的设计也要凸显资源保护，将旅游发展与资源保护结合起来。

（2）采用新技术维护生态系统平衡，减少能源和资源的消耗。

3. 显露自然，增强人与自然的联系

凸显森林、湖泊、绿肺、湿地等自然景观的地位，让游客了解自然，强调人与自然的联系，从而提高人们对环境生态的保护意识。

## 五、绿道系统

合理规划示范区绿道系统，让多等级绿道体系贯通古镇、乡村、深绿型社区、城市社区、特色园区，发挥文化传播等功能，推动建设以人为本、安全、美丽、活力、绿色、共享的公园城市街道场景。

### （一）街道一体化统筹考虑

从道路红线设计向街道一体化设计转变。将街道设计空间由以往的道路红线以内拓展到以街道为中心的游憩空间，一体化打造街道空间。

### （二）保证慢行系统的安全舒适

统筹街道空间及交通、功能、文化、形态和设施等各个方面。如绿色交通优先，保障慢行安全；业态复合，增强街道活力；传承文化，延续街道历史底蕴与人文氛围；协调风貌，打造“画意”街道空间；提供完善便捷的街道服务设施。

街道的设计要秉持人文温度。如提出传承街道历史空间特征，注重对历史街巷肌理的保护与恢复，在街道设计中为历史建筑、古树名木等预留空间。鼓励形成公共文化展示区、露天博物馆和公共艺术街区等。

### （三）场景营造

根据绿道的功能和沿线场所营造生活型绿道、商业型绿道、景观型绿道、产业型绿道、交通型绿道和特定类型绿道。

## 六、水上游憩系统

水上游憩系统是示范区休闲游憩的主导系统，沿重要水系、水网规划的中央游憩区和环城游憩带是游憩主导系统在水平空间上“线”性分布的代表，文化游憩区和滨水游憩区是游憩主导系统在水平空间上“点”性分布的代表。环城游憩带与中央游憩区共同构成示范区旅游体系的两大主体。

近年来，国内也有许多学者进行了环城游憩带的研究。早在 1998 年吴必虎就初步提出了环城游憩带（ReBAM）的概念，1999 年他又进一步提出了 ReBAM 的理论，认为 ReBAM 实际上是指发生在大城市郊区，主要为城市居民光顾的游憩设施、场所和公共空间，特定情况下还包括位于城郊的外来旅游者经常光顾的各级旅游目的地一起形成的环大都市游憩活动频发地带，简称“环城游憩带”。社会经济的发展在宏观上推动了旅游范围的扩展，原本以城市为核心的旅游范围不断外扩，从而形成环城游憩带的概念。城市化的发展从正反两个方面促进了环城游憩带的形成与发展。城市化的发展促进了环城游憩带的发展，但也带来了交通拥挤、环境污染，并且破坏了许多重要的旅游资源，对旅游业造成了压力。这种压力又进一步促进了环城游憩带作为特殊的城市功能区的形成。深度旅游和近程出游的发展方向推动了环城游憩带的发展。从观光到度假的旅游目的、从团队到散客的旅游群体的变化，在很大程度上促使了旅游范围从城市向外围的扩展，环城游憩带应运而生。

## 七、“诗意栖居”的空间美学体系

《人，诗意地栖居》是 19 世纪德国浪漫派诗人荷尔德林的一首诗，后被海德格尔阐发为“诗意地栖居在大地上”，几乎成为所有人的向往。“诗意栖居”是一种高端的游居方式。国外有诗意湖区，是各种文化高度密集的游居形式，中国也有诗意康养，其发展趋势即生态文化游居方式。

所谓栖居是指人的生存状态，所谓诗意是指通过诗歌获得心灵的解放与自由，而诗意的栖居就是寻找人的精神家园。空间美学，更多地属于空间认知的范畴。空间是关于客观和主观的认知。客观的空间本身就已经存在大自然中，包括我们的生存环境。那么人为什么会出现对空间主观的认知？因为无论是建筑还是景观，人们对其进行建造，一方面是想使用它满足基本的生活状态，另一方面又有对艺术、文化的精神性追求，是先验到经验的过程。

示范区构建“诗情画意”的空间美学体系，是构建“诗意栖居”生活方式的重要组成。

## 八、深绿型社区

深绿型社区在城市节能减排、节水节地集约发展、循环经济及知识型创新城市创建方面起到示范作用，通过指标引导下的整体规划创造和谐共生的城市环境，为实现和谐社会创造良好的物质空间基础。

有学者提出，从社区生态系统的特征出发，基于对社区生态规划存在的问题和社区生态系统的构成分析，提出“整体性、地域性、多样性”的生态网络构建原则和“原生型、共生型、再生型”的生态系统组分，并将它们贯穿于社区生态网络构建和空间结构的始终。

深绿型社区注重人口、资源、环境的和谐发展。针对示范区以生态为基础力在打造创新高地和人居高地的发展要求，以及实现区域国际化产业发展、国际化人才居住、国际化文化创新的目标，笔者建议创造新生活标准，打造深绿型社区。

### 九、零废弃古镇

形成“无废古镇，零碳社区”具体生态指标、政策法规、运营管理机制，采取减量化控制机制（3R 原则+三次分拣），以“3R”原则（减量化、再循环、再利用）为核心，从源头减少垃圾的产生，并通过资源化处理对垃圾进行循环利用。

## 第六节　发展蓝图

### 一、空间布局

示范区古镇的发展布局可概括为“一廊两区”，如图 7-3 所示。

#### （一）一廊：美丽江南文化生态廊

依托示范区内沪青平公路，贯通朱家角古镇、东方绿舟、上海大观园、金泽古镇、黎里古镇、震泽古镇等沿线旅游景点，形成美丽江南生态文化通廊。

#### （二）两区：江南水乡文化生态保护区、淀山湖国际生态旅游区

以沪渝高速公路为界，南部为江南水乡文化生态保护区，依托河网湖荡密

图 7-3 示范区发展空间定位与布局示意图

自然优势，连通古镇、村落田园、湿地公园，构建和谐水生态环境，将独特的水乡文化融入生态建设，打造国际知名的江南水乡文化区；北部为淀山湖国际生态旅游区，基于得天独厚的湖泊资源，发展休闲度假、健康养生、水上运动、会务交流等项目，强调公共性和生态性，严格按照低碳要求，以景观生态休闲为主要功能，加强区域联动，主动对接周边地区，建设与上海国际大都市功能相适应的知名湖区。

## 二、江南水乡文化生态保护区空间体系

江南水乡文化生态保护区的总体布局：“一轴两带　三核多点”（见图 7-4、图 7-5）。

### （一）一轴：诗画水乡文化产业轴

以淀山港、北横港、大莲湖、葑洋荡、西白荡、火泽荡等湖荡水系为骨架，

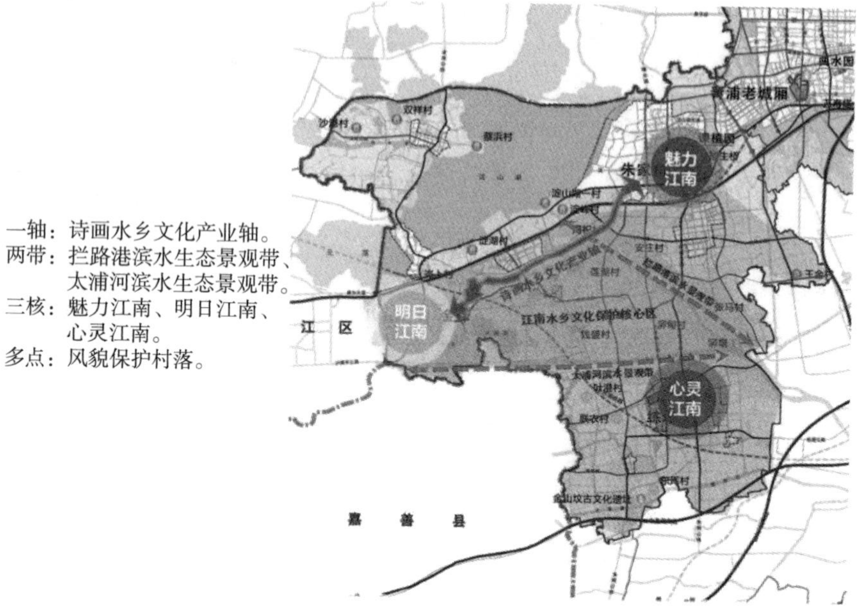


图 7-4　江南水乡文化生态保护区空间布局示意图

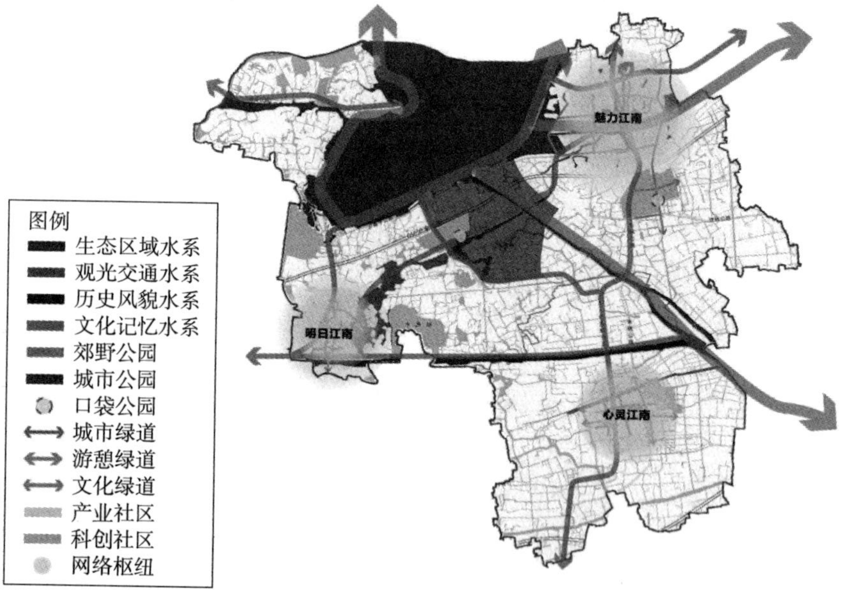


图 7-5　江南水乡文化生态保护区网络化结构（蓝网、绿网、金网）示意图

依托朱家角古镇与金泽古镇双核驱动，打造完整的画意水岸空间体系。串联东方绿舟、河祝村、东西村、岑卜村、山深村、莲湖村等美丽乡村和西岑科创园，引导景观风貌提升和旅游功能植入，展现新水乡风貌，重点打造蓝色水乡新生活，将江南水乡打造成江南文化创意产业策源地，江南时光风景走廊。

### （二）两带：拦路港滨水生态景观带、太浦河滨水生态景观带

通过太浦河、泖河等将练塘与金泽、朱家角等串联起来，沿岸发展古镇风情、乡野游憩、康体休闲、特色民宿、生态体验等旅游项目，打造江南水乡风情体验生态带。控制滨水空间，保护两岸特色环境，保障滨水景观轴的视线连通性，改善滨水空间的景观品质。

### （三）三核：魅力江南、明日江南、心灵江南

1. 朱家角（魅力江南）：永不落幕的贸易博览会

强调生态环境修复和历史风貌保护，充分发挥滨湖和历史文化名镇的景观优势，建设集休闲旅游、商务会议、生态居住和都市农业功能于一体的现代化城区。积极发展文化创意产业，打造文化创意活跃、低碳环保智能、环境优美宜居的魅力江南文化殿堂和江南时空复廊的起点。充分融合发展数字产业，形成数字江南的枢纽。

2. 金泽镇（明日江南）：世界生态人居典范

要充分利用“桥乡”的历史文化特色和濒临火泽荡、大葑漾等自然湖泊的景观优势，建设知识型深绿康养旅居社区，大力发展教育科研和文化创意产业、数字创意产业，打造世界级旅居地、绿色心脏和未来社区，通过引入水岸民宿、生态农业等业态，形成以智能化生态标杆项目引领的新江南水乡明日之城。

3. 练塘镇（心灵江南）：度假型古镇和文化信仰中心

充分发挥文化记忆、红色旅游和信仰旅游的资源优势，水网密布的景观优势以及市级现代农业园区的引领优势，建设以旅游度假、生态农业为主导的青年社区，充分融合新技术、新模式，促进多产业协同创新，培育示范区旅游聚集地。

### （四）多点：风貌保护村落

乡村聚落风貌区是整合具有较高文化、景观、生态价值的村庄，形成的具有江南水乡特色的乡村聚落。其注重整体保护历史人文和自然环境，以及村庄

建筑肌理，控制建筑高度和尺度，保护与村庄布局紧密关联的农田、林地和水网，延续建筑与水网相互依存的格局形态和空间尺度，改善村庄环境，加强生态涵养功能，并为市民提供休闲、游憩、体验的生态旅游空间。

## 三、示范区文化旅游总体发展布局

示范区文化旅游总体发展布局为“一轴、两带、三核、多点”，如图 7-6 所示。

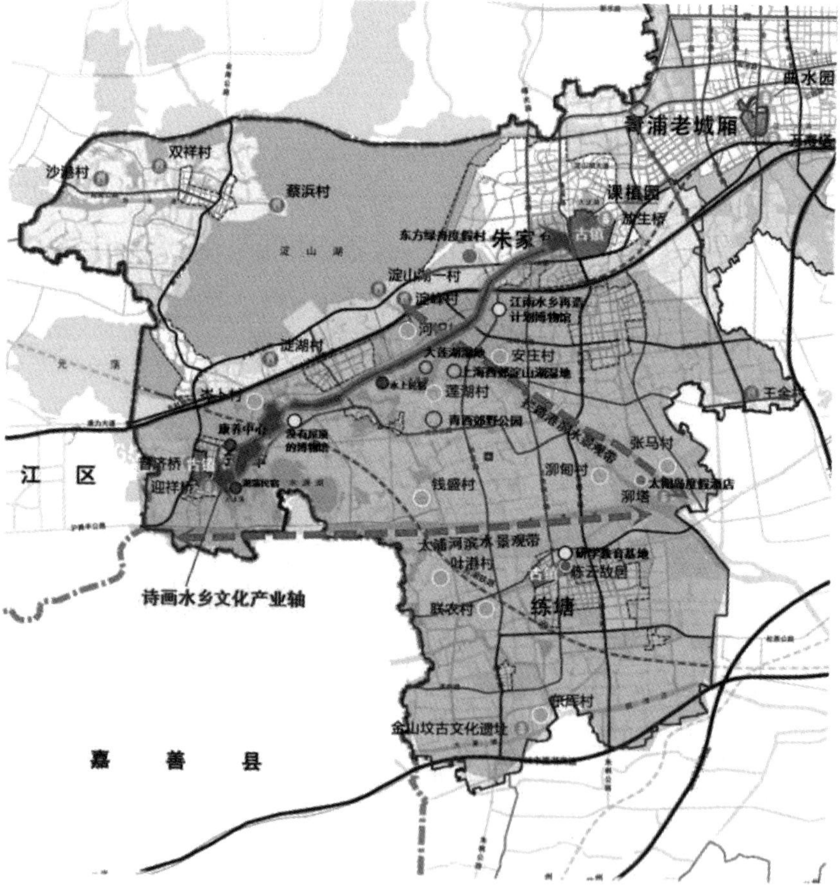

图 7-6 示范区文化旅游总体发展布局示意图（以青浦区为例）

## 四、示范区古镇保护与产业发展空间构想蓝图

以示范区青西三镇（朱家角镇、金泽镇、练塘镇）为例，基于在地资源条件重点展示分析文化遗产核心区、江南文化社区、文化遗产价值发展区、历史性城市景观发展区四大功能区的发展方向、业态内容和重点项目等。

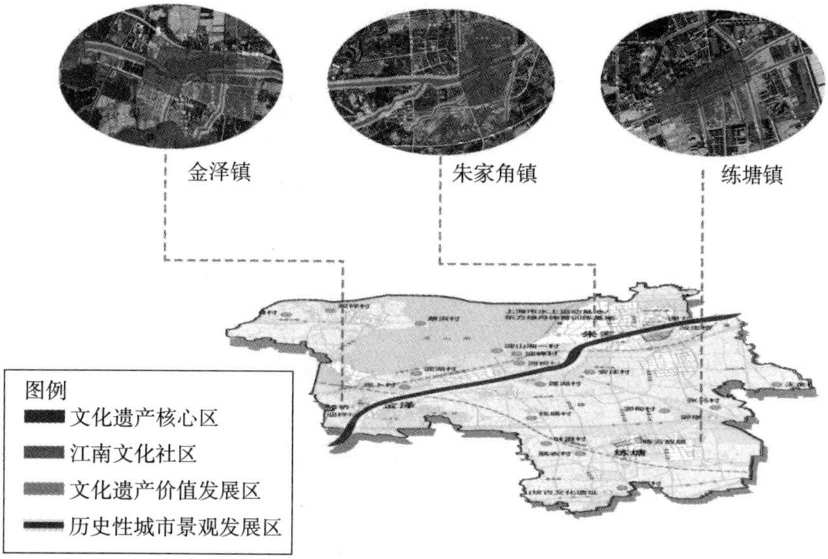


**图 7-7　示范区古镇保护与产业发展空间构想蓝图（以青浦区为例）**

## 五、示范区生态社区网络构建蓝图（深绿社区、产业社区）

基于区域未来发展方向，以青浦区为例，通过诗画水乡文化产业轴、太浦河滨水景观带、拦路港滨水景观带串联古镇以及未来打造的深绿社区、水岸社区、云端社区，实现经济、社会、文化、生态等各元素的合理配置和流动。具体如图 7-8 所示。

构筑江南古镇生活空间的关键在于，将生活空间的品质提升、功能优化同延展交往与休闲空间、文化空间的结构优化有机结合，重点有三种方式：培育若干优质生活综合体，利用社区群体有共同的语言、风俗和文化的优势，实现居住空间的社区化；文化空间核心化，复建乡村交往休闲节点、更新乡村文化

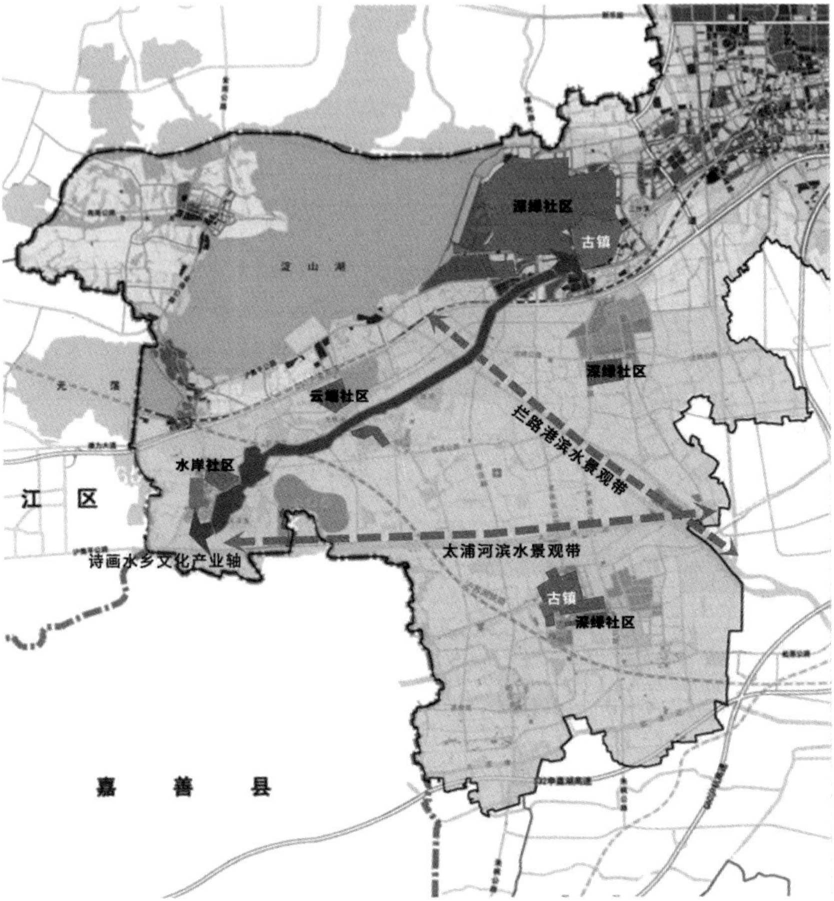


图 7-8　示范区生态社区网络构建布局示意图

信仰场所、植入乡村文化传承空间，促进文化空间的核心聚集发展；公共服务空间配套化，打造高品质配套服务设施，融入绿色、智能和创意概念，实现区域要素高效交换和流动。

## 六、“诗画江南”空间感知蓝图

深入挖掘在地文化资源价值内涵，结合区域文化旅游发展方向、古镇保护与产业布局，设计独具特色的“诗画江南”感知符号，形成以“诗意栖居、心灵江南”为感知主题的空间感知蓝图，如图 7-9、图 7-10 所示。

感知主题为“诗意栖居，心灵江南”。

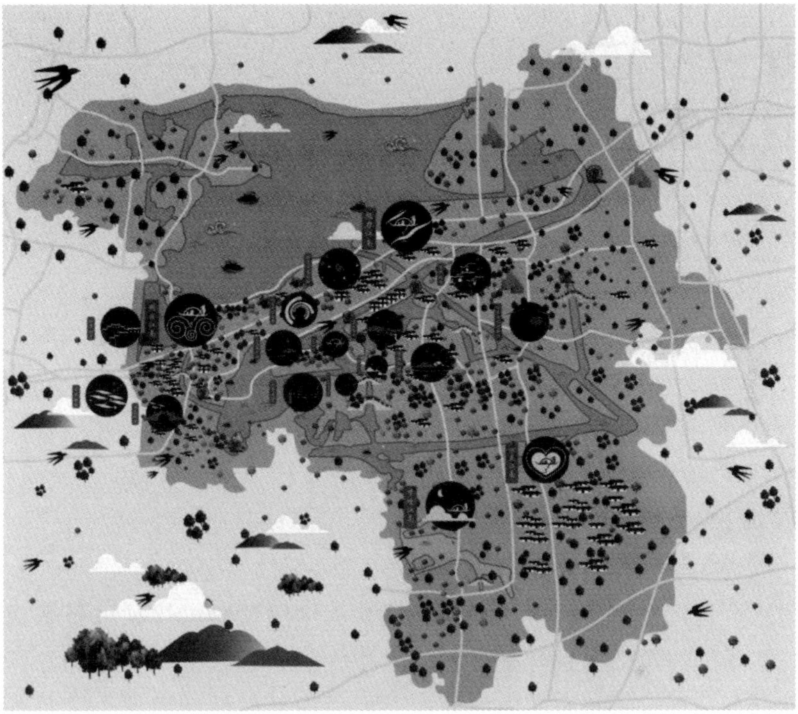

**图 7-9　诗画江南空间功能感知示意图**

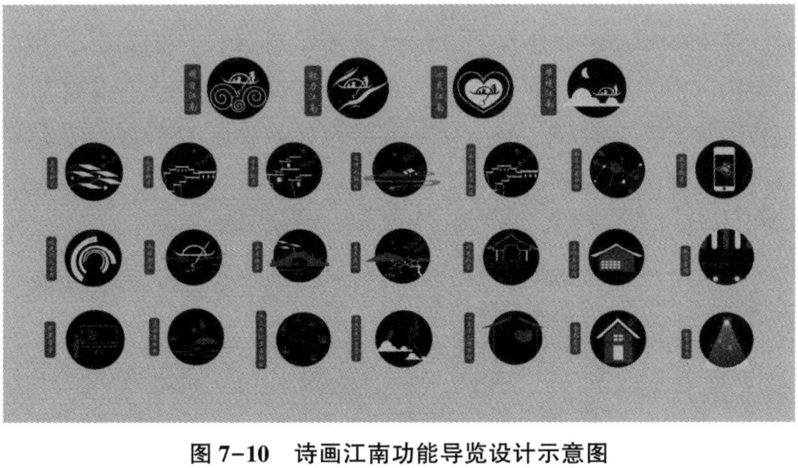

**图 7-10　诗画江南功能导览设计示意图**

# 第八章

# 示范区古镇发展路径

## 第一节　江南水乡古镇保护

### 一、保护理念

江南水乡古镇作为人居生活环境，反映了中国传统的规划思想和成熟的建造技术，在中国建筑史上具有重要的地位和价值。植根于“水”的江南古镇具有独特的街巷景观特征和人文生活底蕴，可以说其是活的遗产，需要将“江南水乡古镇”作为一个文化整体进行价值分析、评估和保护。

遗产不仅包括一个地区主要的历史遗迹和习俗，而且还包括该地区整个的地理风貌、居住在该地区的居民及其传统和经济活动等。江南水乡古镇的遗产包括物质文化遗产和非物质文化遗产。对其进行保护应避免单独划定古镇片区进行孤立的建筑或街区保护，而应立足整体性保护理念，制定示范区江南水乡保护规划，并且与生态基础设施规划、空间规划、景观规划、文化旅游规划等“多规融一”。

### 二、示范区古镇保护范围与规划对象

古镇保护的范围主要包括：文化遗产核心保护区、文化遗产价值发展区、江南文化社区和历史性城市景观发展区。

保护内容包括：各级文物点、古镇风貌和可延续的历史风貌；古镇以及与

各区片衔接、过渡的街区、城区、绿地、道路、建筑物的尺度和风貌；古镇的空间秩序和格局；古镇的传统文化及相关产业。

各古镇应制定完善的保护对象登记制度，制定完善的保护政策。建立古镇保护研究性的咨询决策机制，建设相关的保护机构，通过社区营造、故乡再造计划等自下而上的能量传导模式进行保护。

## （一）江南文化社区

“江南文化社区”并非法定条例中的“历史文化街区”或建筑学、城市规划学领域的“历史城区”“历史中心”“历史地段”等。

在城市更新的语境下，人居型江南文化社区相较其他被文物式保护的遗产有更为综合的价值，表现为传统的建筑特征、特色的空间组织肌理、历史延承性的居住生活形态及民俗文化、地方精神。

江南文化社区是一个复合空间，包括古镇扩容区、产业赋能核心产业园，是新江南文化想象的共同体、一个赋能的高场景、一种未来经济的新范式。

江南文化社区作为人与人互动交往的空间，不断积累信息与数据，形成了一个巨量的“时空数据池”。示范区古镇应运用智能传播终端、智能大数据、智能云平台和智能计算方法将人们的生活交往数据及产业信息记录下来，有效组织公共社区的信息，进而总结规律，预测趋势，提供更多、更好的社区体验项目，形成“生态+”“文化+”“康养+”“旅游+”等一系列智能场景，打造江南文化旅居生态智能岛。

江南文化社区的核心资源是独一无二的江南文化资源。江南文化资源具有膜拜体验价值、展示体验价值和交互体验价值，这些价值连接了遗产、艺术、媒体和功能创意等不同层次的文化形态，连接了文博、文艺、表演艺术、视觉艺术、影音传播、数字创意等不同门类的文化行业，连接了文化旅游、创意会展、文化科技等不同形态的产业范畴，连接了社区、城市、景区、古镇等不同范围。

江南文化社区建设的核心是社区场景的构建。文化社区场景包括共享的价值观、多元的故事性和感知的体验性。其中，价值观是社区经济的核心，是社区营造的精神高地；故事性是社区经济的载体，是社区营造的价值内核；体验性是社区经济的表征，是社区营造的实现手段。

推动人工智能与江南文化社区营造，就是以社区为载体，实现人工智能的生命连接和价值赋能，实现社区经济的综合效益。伴随着人工智能、虚拟技术的普及和5G时代的到来，旅游的个性化需求将得到进一步满足，旅行者的体验能够实时与他人分享，旅游也将拥有更多虚拟内容，未来会进入“旅游+实时互动”的时代。

### （二）文化遗产价值发展区

文化遗产价值发展区强调古镇融入“活着”的现实、与城市更好地衔接，以综合的手段保护文化遗产价值和城市的记忆感。江南文化遗产价值发展区包括旅游、文创、教育、康养的空间，发展上仍然要严格控制。

文化遗产价值是彰显城市文化内涵及城市地点性的本质要素。划定文化遗产价值发展区，就是要用更综合的手段保护文化遗产价值和城市的记忆感，让居民或游客产生更强烈的情感依恋，进而影响到人们对这个城市的态度和看法。文化遗产价值发展区的构建基于当地的地点性差异，揭示了城市的历史脉络和风貌特征，彰显了对文化遗产价值的保护。其通过历史文化展示和活化的方法，结合城市不同社区的生活行为和空间，再现空间的历史文化符号和景观要素，通过博物馆、文化场所、遗址公园、文化旅游产业园、文化创意园等不同空间载体，形塑城市记忆。

### （三）历史性城市景观发展区

联合国教科文组织于2011年11月在《关于历史性城市景观的建议书》中提出了“历史性城市景观方法”（Historical Urban Landscape）。它不是将历史建筑、城市空间从社会、环境和经济中剥离出来，而是更强调联系的整体性，强调遗产的物质空间与影响其形成和支撑其演变的社会、文化、经济背景之间联系的必要性。基于这样的理念，设定“历史性城市景观发展区”就是将物质、社会、文化、经济过程在时空上集结。当下，遗产管理的目标已从关注物质遗产保存转向对遗产经济社会价值的保护与利用，遗产的唯一性及稀缺性被作为资产纳入城市发展框架。

应当从城市生态资源、文化资源和空间资源的整体性方面考虑历史性城市景观发展区的划定，以使城镇保护与现代化城市建设和发展建立一种和谐的关系，保护城镇历史景观的完整性。在江南水乡地区，水环境可以被作为场所精神（Genius Loci）的重要表现来看待。所谓场所精神就是一个城镇能够让人感受到的环境魅力，它由城镇的生活魅力、文化魅力和社区魅力所构成。国家公园体系、生态廊道系统、美丽乡村也要纳入江南文化历史性城市景观发展区的范畴。

## 三、非物质文化遗产的传承与发展

### （一）以信息性保护构建文化遗产可持续发展脉络

打造“创忆遗产，数字经济”，通过数字博物馆重构江南文化遗产魅力。借助虚拟现实体验，凸显历史遗迹的历史价值，让公众获得更好的体验，利用新技术和新创意，拓展文化遗产的展示、阐释方式，使历史记忆重回当代。

◇ 世界遗产数字档案馆（CyArk）对乌干达的苏比陵墓进行了详细的数字测绘，以数字化的方式，让乌干达所有的文物和历史遗址都得到先进技术的保护。在耶路撒冷圣墓教堂修复中，希腊国立雅典理工大学修复团队利用3D激光扫描技术对教堂现存的状况进行评估，之后开展相应的保护工作，并利用相关数字技术进行监测和监控，使修复科学地开展。修复后的项目吸引了全世界的旅游者来参观，遗产在被保护的同时也实现了可持续旅游发展。

### （二）以运营为核心，产业化支撑文化资产的保护

从文化资产（包括文化资源、文化遗产、文化产业）的角度审视江南水乡古镇文化遗产，“对本地文化保持敏锐感，以人为核心”，利用创意资本和知识资本提升“江南文化遗产的运营力”。在“+旅游”江南文化遗产可持续发展路径中，文化创意产业、数字产业、教育产业、康养产业共同发力，为江南文化遗产保护提供产业动力。

# 第二节　数字江南构想

## 一、示范区江南文化资产的数字化保护

江南水乡古镇可借助先进的数字技术和多元化合作来强化江南文化的保护、研究和展示，即利用数字化技术系统、准确地采集和再现江南水乡古镇建筑的形式、结构、装饰等多方面信息，并以虚拟现实（VR）作品的形式公开展示；推进“数字江南”建设，建立、充实和完善江南文化古建筑、典藏文物的三维

模型数据库，开发古建筑及文物数据采集、保存和展示的多种手段。

### （一）江南文化文物管理信息系统

示范区应把重点文物、非遗活动、经典匠作的基本信息采集下来，将其转化成电子数据的形式予以存储，建立文物数据库，后以文物数据库为基础建立文物管理信息系统。在这个基础上，后续可以相应地开发文物流通系统、OA办公系统，从而生成文物办公平台、文化展示平台等一系列平台，服务于江南文化文物载体的管理和江南文化的传播。随着技术的发展和管理理念的演变，信息技术已经不是一个简简单单的工具，而是已经成为必不可少的管理方法，因此信息化是生产力。在整个社会各个行业里，信息技术都作为生产力促进了社会发展。

信息化应成为示范区古镇开发与保护的重要手段与方法，基于此进行文物研究、文物保护、文物展示，催生江南文化数字文物。

### （二）江南文化与数字文物

数字文物是示范区古镇管理、研究、展示、教育必不可缺的物质基础，以此开展保护、展示、教育等新方法的分析和探索，最后形成一个以现在广泛应用的新媒体的载体来把这些新的方法、新的手段应用到管理活动和展示活动当中的数字江南。

数字文物是以平面影像、三维模型搭建起来的视觉体验，由各种尺寸、材质、配方、工艺等多维原始数据组成的，可供脱离本体研究、展示、复原的虚拟文物。数字文物只是针对文物个体而言，众多的数字文物及其多种属性数据所构建的数据库，也只是仅仅集合了文物单体的数据资源。对于示范区古镇来说，这只是基础数据的一部分，所涉及的江南文化的展览、教育、传播以及日常管理行为等其他方面则是更为复杂多样的，通过数字化技术对这些行为进行信息化所产生的将是更为动态、庞大的数据库。

大数据是建立在数据化基础上的，数据化有以下五种形式：第一种是物的数据化，对于示范区古镇来说，就是保存的文物的数据化；第二种是人的数据化，主要是指人的行为数据化，对于游客来讲，是包括他的位置数据，包括他进入示范区古镇之后的消费数据；对于示范区古镇的管理者本身而言，则是所有管理行为的数据，由这两个基础的数据化，衍生出以下三种数据化，就是第三种人与人的关系数据，通过时间、地点和连接方式这三个维度把人的关系数据化，最直接的、最普遍的应用就是大家手里的微信，通过微信的方式，把人与人之间现实当中的物理关系由数据方式连接起来；第四种就是人与物的关系数据，在社会应用方面比较典型的就是滴滴打车、大众点评等，而对于示范区古镇来说就是管理者与古镇、游客与古镇之间的关系的数据化；第五种是物与物的连接数据化，也就是现在物联网所做的工作，对于古镇管理者来说，就是把自己所掌管的古镇空间通过一种数据的方式合理地连接起来，使我们在管理行为当中、使用行为当中更便利更安全。

## 二、江南文化数字社区

建设数字江南的目标是打造一个虚实结合的“古镇文化博物馆”，其可以脱离古镇实体而存在。融合管理、经营和公众服务的古镇发展运作体系，使示范区古镇的文化能快速、大范围地传播，但这需要一种崭新的表现方式，以有效传播示范区古镇的文化内涵。于是，我们引入了数字江南社区的理念。

什么是数字江南社区？它就是在示范区古镇信息化建设成果持续丰富的基础上，以遗产保护及文化传播为目的，逐步实现以信息服务和人际社交为重要支撑，通过整合各类数字产品和渠道，打造出的线上与线下融会贯通的示范区古镇文化资源聚合平台。利用互联网及各类智能终端，建立起全方位的数字文化展示与信息服务生态体系，满足信息提供者、管理者和使用者随时随地进行各种形式的信息交互，是数字江南社区最大的特点。它可以通过丰富信息化服务种类和数字产品，加强文化展示资源的共享利用，注重产品之间的关联，强调信息服务与传播的社交化功能，是线上和线下的有机结合，打破了时空限制，线上线下通过这个平台就可以实现所有的传播、交互等目的。

我们提出的数字江南社区的基本架构包括八个方面，分别是社交广场、文化展示、资讯传播、参观导览、学术交流、公众教育、休闲娱乐和电子商务。该社区把示范区古镇的保护与利用推向社会，让人们能够通过网上的社区了解这些信息、应用这些信息。

数字江南社区是多功能、多技术的综合平台，涵盖了线上、线下的多种资源，包含网站、微博、微信等多种应用方式，文字、视/音频、图像、动漫、VR、AR 等多种手段，可以说是包罗万象。但当丰富而分散的资源、手段并举的时候，就必须注意不能因资源、手段的独立运作而形成信息孤岛，它们之间应互为影响、互联互通、互相协同，以发挥综合作用。数字江南社区的总体思路就是整合线上和线下的资源，打造一个为社区应用服务的大数据群，然后通过建设一个小体量、超易用、强串联、全信息的轻应用聚合平台客户端，发挥信息传递枢纽的作用，使用户通过这个客户端可以到达任何一个功能板块获取需要的信息。每个板块都可以“我的地盘我做主”，给予用户自主权，其按照社区管理规则，通过积分晋升等渠道可获取更多功能和权利。

### 三、江南文化创意贸易中心

依托数字江南文化资产搭建文化创意版权交易、文化创意商品交易中心，为 IP 方、品牌方提供在线授权、营销等全链路服务，其中主推 IP 开发消费品授权合作及整合营销等服务，也涉及影视、动漫、文化、艺术、综艺、体育、音乐多类型的 IP 合作。

#### （一）江南文创版权交易

邀请示范区的艺术家、匠人、设计师、文化名人入驻江南文创版权交易中心，并制定鼓励其他地区艺术家等入驻该中心的机制、措施。

通过整合数字江南资源、示范区文创产业，进行多方版权的生态建设，帮助版权方完成品牌招商、设计生产、商品销售的链路闭环。

#### （二）江南文创商品交易

依托“数字江南”体系，以“数字+文创”模式积极打造江南文化 IP 和品牌经济，最终面向全球进行文创商品、衍生品交易。

## 第三节　示范区古镇感知系统与品牌塑造机制

“江南文化示范区”的城市环境建设要回答：在人与环境之间如何创造一种“诗意栖居、心灵江南”的感知系统。

感知系统是从人的情感体验、心理发展过程、认知模式的角度来认识人与环境的关系。从地域文化的哲学渊源、文化基因等角度，以“空间感知”为起点，基于城市的生态景观空间、文化记忆空间、产业空间、社区空间，建立包括心愿、信念、规范、集体情感、形象感、道德感等方面的感知体系，让人们完成由直感到觉知，再到认知的过程。

构建“诗意栖居、心灵江南”的感知系统，需要三个圈层。

第一圈层：社会、文化、经济、产业的生态网络。

第二圈层：构建由自然空间形态、人文景观、人居环境的人与环境对话的空间网络。

第三圈层：管理制度、“人”的参与，经济部门、运营机制的匹配程度。

## 一、江南文化的哲学渊源

### （一）江南文化

江南文化有很多特点，如重文教、重才情、重礼俗；美与智的融合，知性与感性兼有。这一切最终都表现为一种美的创造，可概括为学问消融于美。整体来看，江南文化的核心特点是：美与智的融合，知性与感性兼有。

### （二）江南美学

中国的艺术有两大系统，即汉唐系统和宋元系统，它们可谓截然不同。汉唐系统的画，大多“画”在高山、大地、洞穴、宫殿、墓地里，比如著名的敦煌壁画与龙门石窟，而且创作者都是职业化的画师、工匠，非常专业，高度技术化，他们大多是以家族的方式传承技艺。宋元系统的画则是画在宣纸上、绢帛上，开创了极为心灵化与学术化的文人画传统。宋元系统画的创作者大多是文人，像苏东坡、欧阳修等，他们集诗人、画家、书法家、学者、官员于一身，以余事为艺事，将学问消融于美。宋元系统画的主要背景即是江南。可以说，江南艺术传统影响了近世中国的整个潮流。

### （三）江南文化的三座高峰

第一，以金陵为中心的南朝文化高峰，体现为思想与艺术合一、生活与文学合一，崇尚以美为中心的人文世界，也就是自然山水与人文世界融合。第二，以杭州为中心的南宋文化高峰。延续了山水与人文的极美，开创“亚洲之中国的时代”。第三，以苏州为中心的明清文化高峰。化山林为城市，崇尚人文与自然的结合。

### （四）诗画哲学

诗画是江南重要的人文产物。表面上看，画艺属造型艺术、空间艺术，诗歌属音律艺术、时间艺术，一重形象，强调可见性，一关注情意，重视可感性。但江南人文精神追求诗文书画兼通，江南整个士子阶层，也包括专精绘事的画家，无一人不懂诗文，无一日不说诗文，无一画不入诗文，形成了画必题诗、诗画一体的特有文化现象。画家平时作画，讲究驱遣意象，写起文章来，同样也需要随处点染，幻成一片化境。中国画历来主张“迁想妙得”“传神写照”，贵在神似，而不取简单模拟物象的做法，这和诗文创作是完全相通的。北宋哲学家邵雍有言：“画笔能使物无遁形，诗笔能使物无遁情。”诗画哲学恰恰是江南文化的基底。

### （五）上海与江南

上海建设全球城市的目标，不仅是对上海城市文化历史传统的传承，而且也与21世纪以来上海进行国际文化大都市建设着力打造国际文化交流中心一脉相承。上海不仅具有“海纳百川、追求卓越、开明睿智、大气谦和”的城市精神，还具有“公正、包容、诚信、责任”的价值取向。上海的文化性格，既有唯美细腻浪漫的一面，也有理性的一面，既有平民主义的色彩，也有精英主义的内涵，这些都与江南文化的底蕴有关。某种意义上说，强调江南文化，也就是强调了上海的“中国文化性”。

### （六）东亚的江南

江南是东亚世界共同的文明因缘与文化想象。以日本为例，古代日本人将汉字叫“本字”，汉字无疑促进了日本语言的发展。语言学家认为“吴音”即来自长江以南，尤其是江东地区的音，相比于中原地区的“秦音”，“吴音”融入日语的程度较深。此外，“吴服”“吴织”“吴染”也显示出日本与江南的渊源《日本国志》记载5世纪时，日本天皇派使者往吴地求缝工女，得吴织四人而归。日语将红色染料读为“吴染”，这表明江南的染料与技术也进入日本。江户时代称为“吴服”的服装样式，与今天的和服相差无几。日本的稻米文化也来自中国的江南文化。日本知识人对江南风景与风物的向往，表明作为文化景观的江南名胜已经深入东亚人心。“名胜”成为江南重要的精神传播力。

基于对江南文化的梳理，我们提出“诗意栖居、心灵江南”的感知主题。

将江南文化“诗情画意”和“一切智慧皆消融于美”的特征，作为江南文化示范区古镇保护与创新发展的哲学与美学基石，使示范区成为世界级文化旅游典范城市。

## 二、对江南文化的感知

通过研究我们发现，不同文化背景、不同国家（地区）所形成的不同文化语境中对江南的感知各不相同，具体如表 8-1 所示。

**表 8-1　不同文化语境对江南的感知**

| | | |
|---|---|---|
| 世界语境 | 水乡泽国、物产丰富、人杰地灵、传统生活 | 智慧消融于美 |
| 中国语境 | 文化之都、宋元美学、小桥、流水、人家 | 诗意栖居 |
| 区域性语境 | 鱼米之乡、诗情画意 | 心灵家园 |
| 地方性语境 | 怀乡故土、自然田园 | 乡愁故土 |

### （一）对城市风格的感知

我们从描绘江南图景的诗文中就能够感知到一张具有文化能量和充满活力的画卷。对于今天的我们而言，仿佛无数的场景都在编织着一张可以驰骋想象力的感知网络。

◇ 重重似画，曲曲如屏。（诗画）

◇ 如今却忆江南乐，当时年少春衫薄。……翠屏金屈曲，醉入花丛宿。（想象）

◇ 画船儿天边至，酒旗儿风外飐。爱杀江南！船动湖光滟滟秋，贪看年少信船流。无端隔水抛莲子，遥被人知半日羞。（水系）

◇ 交流四水抱城斜，散作千溪遍万家。深处种菱浅种稻，不深不浅种荷花。（田园）

◇ 板桥人渡泉声，茅檐日午鸡鸣。莫嗔焙茶烟暗，却喜晒谷天晴。（人居）

◇ 何似浣纱溪畔住，绿阴相间两三家。（人居）

◇ 红粉暗随流水去，园林渐觉清阴密。算年年、落尽刺桐花，寒无力。（景色）

◇ 篝灯强把锦书看。人在江南，心在江南。（怀乡之情）

◇ 山果熟，水花香，家家风景有池塘。木兰舟上珠帘卷，歌声远，椰子酒倾鹦鹉盏。(舒意、安适、富足)

◇ 人人尽说江南好，游人只合江南老。……未老莫还乡，还乡须断肠。(还乡哲学)

◇ 钓笠披云青嶂绕，绿蓑细雨春江渺。白鸟飞来风满棹。收纶了，渔童拍手樵青笑。明月太虚同一照，浮家泛宅忘昏晓。醉眼冷看城市闹。烟波老，谁能惹得闲烦恼。(康养)

◇ 湖目也堪供眼，木奴自足为生。若话三吴胜事，不惟千里莼羹。(美食)

城市风格为人提供诗意的居所，城市风格的培养发育要注意采用主导和多样统一的结构。以伦敦而言，它总体的风格相对保守和绅士化，但并不排斥前卫、现代。古老而不古板、恪守典雅的传统又不失现代的奔放，彰显了伦敦城市风格的适度张力。它的风格构架值得我们借鉴。同时，城市风格有生长、发育的漫长过程，需要耐心地培育，来不得一点急功近利。城市风格的培育要注重对细节的处理。如奥地利小城因斯布鲁克，商店的店招都不大，但各有特色，在阿尔卑斯雪山和蓝天的衬托下，一眼望去，不但醒目而且给人一种美的享受。

示范区的城市景观要形成独具特色的城市魅力，从整体上展示新时代的江南城市风格。我们提出感知城市风格的三大审美准则：

其一，江南诗画魅力：互补协调准则。以江南诗画美学为主导，将不同性质、特征、风格、情调的功能区域、街道、建筑、景色以一定的形式、方法和谐组合，融汇互补、协调统一，从而显示别具一格的特色。

其二，绿色宜居城市：层次序列准则。所谓层次序列准则就是考察城市各部分、各方面、各层次的景观及其文化内涵，观察该城市建设是否整体有序，是否有明确的主题、清晰的层次，从审美的角度衡量城市精神文化品位的高低。成功的、高品位的城市建设就是要把握好规划、设计、管理等环节，使城市重要的区域、街道、中心场馆、建筑物等，除了能充分地发挥其使用功能外，还与城市的历史渊源、山水地貌、气候环境、城市建设发展的重心和走势、城市经济和社会发展的规模等联系起来，并巧妙地将它们凸显出来。

其三，历史文化传承：情景交融准则。所谓情景交融准则就是考察城市建设的区域、街道、重要场馆、活动中心等景物，能否通过形状、态势、材料、色调、日照、灯光、林木、花卉、水榭、亭台楼阁、山石等，引起观察者的联想、顿悟、遐思，产生与上述景物的主题思想、意境共鸣的情感。从审美心理的角度看，城市建设的景物是能给人以心灵感应的，并能诱发兴奋、愉悦、激动、依恋、悲痛、敬仰等特殊复杂的情感。不仅要以情景交融的形式展示城市风格，而且要在城市人的情感、情怀、情操与城市景观的“交融”中展现城市精神文化的价值。

### （二）空间网络的感知

1. 水系

生态水系、观光（交通）水系、历史风貌水系、文化记忆水系。江南水乡的建造理念是借用自然、依水成街、水陆相宜。水廊、水楼、水阁、水榭、水埠、水墙门、水街、水巷、水桥，将水的和谐发挥到极致，引水成街、成市、成集、成镇，依水而生，共生共荣，是最生态的和谐人居。

2. 绿道

城市绿道、乡村绿道、游憩绿道、文化绿道、观光绿道、文化探访绿道、康养绿道。

3. 文化旅游魅力场所

古镇、江南文化社区、博物馆、美术馆、数字江南中心等。

4. 文化旅游主题路线

生态旅游、遗产旅游、文化旅游、商贸旅游、教育旅游、产业旅游。

5. 文化景观网络系统

江南时空廊道、江南文化社区、数字江南网络枢纽、魅力江南、明日江南、心灵江南。

## 三、古镇主题的感知

示范区古镇通过视觉、触觉、嗅觉、听觉、味觉等感官方式多维感知江南文化，使其更加具有真实性和体验性，其中对老街、深巷、古桥、河埠、民居、庭院、私家园林、茶馆、老庙、古寺、窗格、山墙、哺鸡脊、装饰等各类自然和人文景观的视觉感知是最重要的。以青浦区三镇——朱家角古镇、金泽古镇和练塘古镇为例，基于其自然资源和文化基底优势，分别建立了“魅力江南的时光殿堂”“明日江南的康养客厅”“心灵江南的静谧家园”的不同感知主题。具体如表 8-2 所示：

**表 8-2　江南文化示范区古镇感知主题**

| 区域名称 | 感知内容 | 感知主题 |
|---|---|---|
| 江南文化示范区 | 蓝（水网）、绿（绿道）、金（产业网络） | 智慧消融于美 |
| | 信息技术、生命健康、高端服务、文化旅居 | 诗意栖居，心灵江南 |
| 江南文化示范区 | 水岸人居景观<br>都市田园气质<br>水乡古镇时光 | 可拜访 |
| | | 可领略 |
| | | 可栖居 |
| 朱家角古镇 | 自然与人文交相辉映的古镇 | 魅力江南的时光殿堂 |
| | 数字江南的文化枢纽 | |
| | 时空交错的历史殿堂 | |
| 金泽古镇 | 明日江南、静谧水乡 | 明日江南的康养客厅 |
| | 绿色枢纽、人文客厅 | |
| 练塘古镇 | 信仰中心 | 心灵江南的静谧家园 |
| | 田园里的江南 | |

## 四、示范区古镇主题 IP 创意设计

示范区古镇可依托自身生态环境、文化特色、产业布局和旅游资源优势，选取具有地域特性和消费共性的表现元素，通过创意化手段进行主题设计，打造具有辨识度和记忆性的主题 IP，应用在旅游导览系统、管理系统和品牌管销系统中。以青西三镇为例，通过创意化手段对古镇旅游品牌形象进行展示和应用，如图 8-1 所示的青浦区创意主题导览导示系统、如图 8-2 所示的朱家角古镇品牌宣传主题形象图，以及如图 8-3 所示的金泽古镇可视化智慧导览系统示意图，都有助于游客更加直观深入地体验古镇特色文化魅力。

◇ 北爱尔兰旅游局在其核心市场进行了一系列的品牌测试，最终确定“拥抱巨人精神”是最能反映北爱尔兰历史和文化的主题。“拥抱巨人精神”将向来自世界各地的游客传达一种高品质、独一无二的体验，这种体验被公认为是北爱尔兰的特色（见图 8-4）。确定了主题后，北爱尔兰旅游局与创意团队 Genesis 以及当地艺术家 Colin Davidson 合作，创建了醒目的品牌图标和手写字体。同时，还和获得普利策奖的诗人 Paul Muldoon、奥斯卡提名的摄影师 Seamus McGarvey 合作，开发了一系列创意资产来支持该品牌。

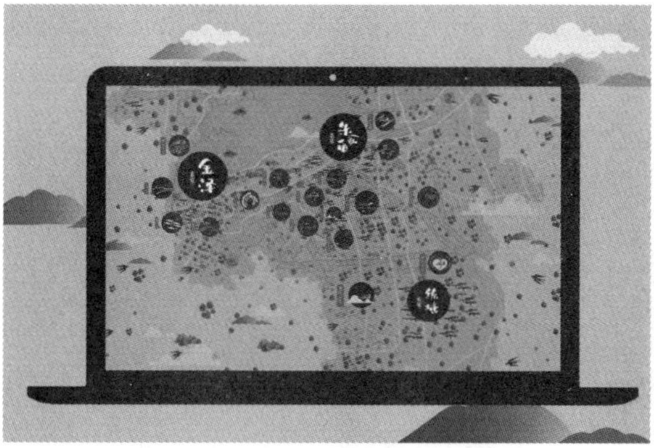

图 8-1　青浦区创意主题导览导示系统

图 8-2　朱家角古镇品牌宣传主题形象图

图 8-3　金泽古镇可视化智慧导览系统示意图

图 8-4　北爱尔兰品牌图标展示

◇ 在俄罗斯的旅游品牌形象中，设计师采用了 20 世纪初俄罗斯抽象绘画的“至上主义”（Suprematism），将一个抽象的俄罗斯地图应用到品牌标识中（见图 8-5）。

图 8-5　俄罗斯旅游品牌形象标识

◇ 据温哥华旅游局介绍，温哥华是一个多维度、不断变化的目的地，所以其的 LOGO 由温哥华“Vancouver”的文字组成，而其中的字母“A”“O”“V”则巧妙地组合设计成了一个指南针（见图 8-6）。指南针的主题代表让城市引导你，探索和发现这座城市周围所有事物的美，以及自己内在的美。

◇ 日本“九州”LOGO 由汉字“九”和“州”组成，意思是“九州为一

图 8-6　温哥华创意旅游形象标识

体”（见图 8-7）。为了向来自其他县以及海外的游客传达“希望能来九州的老字号店铺”的信息，LOGO 的整体形状犹如一个老字号布帘。由于将来也有可能在海外使用该 LOGO，所以标志下方使用罗马字“KYUSHU”来表示。该 LOGO 运用在国内外的旅游宣传、农林水产品的销售等方面。

图 8-7　九州创意 LOGO 品牌设计

## 五、古镇品牌塑造机制

### （一）江南古镇的形象定位

过去江南古镇在目的地形象的定位上似乎千篇一律。究其原因：一是相同的吴越文化背景、同属太湖流域的自然地理环境和相似的水乡风俗，导致江南水乡古镇给人们留下的印象普遍是小桥、流水、人家。二是旅游产品以观光为主、产品同质化程度高。观光产品主要是依托现有旅游形式开发旅游吸引物供大众旅游者参观，产品缺乏参与性、休闲性，容易相互模仿。

在目的地形象塑造上，过于相似会使大众难以辨识，不利于个性的形成，难以产生推广效应。

通过查找相关资料，总结出江南部分古镇的形象定位如表 8-3 所示。

**表 8-3　江南部分古镇的形象定位**

| 古镇名称 | 形象定位 |
|---|---|
| 乌镇 | 来过，便不曾离开<br>一样的古镇，不一样的乌镇（2003 年）<br>生活在梦里的古镇（2001~2002 年） |
| 周庄 | 中国第一水乡<br>有一种生活叫周庄<br>慢生活水乡 |
| 同里 | 千年古镇，世界同里<br>艳遇千年，今生同里（顾长卫《情归同里》）<br>东方小威尼斯 |
| 西塘 | 生活着的千年古镇 |
| 南浔 | 江南水乡的封面<br>江南雄镇、魅力南浔 |
| 角直 | 神州水乡第一镇 |
| 朱家角 | 江南时光殿堂 |
| 金泽 | 明日江南 |
| 练塘 | 心灵练塘 |

### （二）江南古镇的旅游营销策略

江南古镇的旅游营销可通过以下方式开展：①创建数字化社群；②塑造媒介品牌影响力（数字水乡、网络直播）；③古镇与渠道成员构建战略联盟体；④进行展演展示；⑤举办节庆活动。

# 第四节　示范区古镇产业+社区构想

## 一、未来经济

### （一）文化创意产业 & 青年社区

积极制定鼓励青年入驻示范区的政策机制，以一系列的指标、优惠政策扶持青年创办的小微企业。打造文化遗产的商品开发、云端直播平台，文化旅居型民宿，大力发展文化创意产业。在青年创业社区里，构建未来会客厅、文化创业中心、创客学院、创客文化社群、社区众筹云平台。

### （二）数字产业 & 未来社区

示范区古镇不仅要引进华为等数字基础设施建设企业，还要推进数字化运营、互联网虚拟经济产业企业聚集。随着人工智能、虚拟现实技术的发展和 5G 时代的来临，未来社区要构建邻里、教育、健康、创业、建筑、交通、低碳、服务和治理的九大数字化场景。

### （三）未来医疗、康养旅居产业 & 康养社区

结合未来医疗、医美旅游、旅居度假形成康养旅居度假产业是示范区发展泛旅游产业可探索的一个方向。康养社区不仅让家庭健康生活，还提供年度定制医疗、私人定制旅游、文化社交等服务。

### （四）科教产业与教育社区

形成创新创业教育联盟机制：构建以示范区大学为核心的开放式创新联盟组织，形成创新创业人才培养的组织保障，为跨学科学生提供实践的良好平台。在强化区域大学协同育人的同时，整合共享各大学与多个行业企业、国内外其他著名大学的伙伴关系，形成与华为在内的国际知名公司、本土强企、创新发展公司的战略合作关系。共同建构起以区域各大学为主体，包括多行业企业、国内外著名研究机构的开放式联盟组织，为创新创业人才的培养集聚优质资源。

示范区大学是组织运行的核心实体，学术伙伴、战略伙伴、合作伙伴为组织的有机构成。

## 二、绿色经济网络

以人力资本、自然资本和制造资本、社会组织资本（不是单纯的个人总和，而是习惯、规范、情操、传统、程序、记忆和文化等的总和）为核心构成深绿型经济网络和深绿型社区。深绿型社区构建应该形成一套完整的机制，政府、居民、商业团体共同参与，以新的理念、新的产业模式，构建新的生活方式。尤其是在节能、节水、节材、环保等方面，政府与居民应该共同探讨，形成一套完整的指标体系。

## 三、江南水乡特质下的“+旅游”

以“+旅游”为示范区古镇可持续发展的抓手，发展遗产“保护+旅游”“生态发展+旅游”“产业聚集+旅游”“文化贸易+旅游”“教育产业+旅游”“故乡再造+旅游”。

◇ 1972 年墨西哥政府在坎昆投资 3.5 亿美元建设旅游区和自由贸易中心，重点发展旅游业，推出生态旅游：到大自然体验人类曾经与自然和谐相处的怀旧情结，融入自然天堂。古代玛雅人的生活方式和生态文化成为生态旅游的重要内容。坎昆还申办具有重大影响力的国际会议，成为全球会奖旅游之都。20 世纪 80 年代建成的“坎昆会议中心”可以说是现代化坎昆的标志，并以此为基础发展起了度假酒店区。坎昆力求构建国际会议之都、国际旅游目的地。

## 四、区域创新网络机制

构建“高校+科创企业+高密度信息中心+产业园区”的创新网络，通过政府引导、人才参与的模式逐步实现“产、城、人”融合。①政府、企业、学校“三位一体”共同主导；②学校与企业合作创建孵化器；③有针对性地进行人才培养；④城镇规划注重产业与教育的结合，鼓励创新，实现产、城、人融合。

# 第五节　示范区古镇运营管理机制

## 一、社区营造机制

一个拥有“共同记忆”的社区或城市，能够给予居民更多的幸福感和归属感。在政府自上而下的政策支持下，示范区各地方政府、民间企业、非营利组织、居民应相互协助，共同推进“故乡再造计划”，保存或重构记忆中的乡愁，创建属于江南水乡古镇在地人的新故乡。

### （一）政、企、校合作机制

利用在地高校资源优势，构建“高校+企业+政府”的人才培养模式，实现各类人才与市场结合；建立“全民升级”的意识，加强旅游管理队伍、产业队伍、服务队伍的建设；持续开展企业培训项目，鼓励企业加大对本行业人才培训的投入，把从业人员资格认证纳入行业管理。

### （二）社区发展专家协会机制

邀请来自全国乃至全世界科技、生态、经济、社会、旅游等方面的专家成立社区发展专家协会，为社区的创新发展和科学管理提供保障。如社区建筑师可以为社区内建筑物的修建提供更专业的建议，使其在满足应用者基本需求的情况下，也能够保持城市整体的风貌。

## 二、示范区古镇资源导入机制

### （一）以“人”为核心的古镇发展机制

示范区古镇应着力构建集政府、本地居民、文化创客为一体的以“人”为核心的古镇发展机制，为古镇持续发展提供动力基础。政府、本地居民、文化创客与示范区古镇之间相互作用，形成了紧密互动关系，且政府与本地居民之间具有资源的共享关系及行政管理关系、本地居民和文化创客之间具有资源的分享关系和合作关系、政府和文化创客之间具有主客关系及行政管理关系，具体如图 8-8 所示：

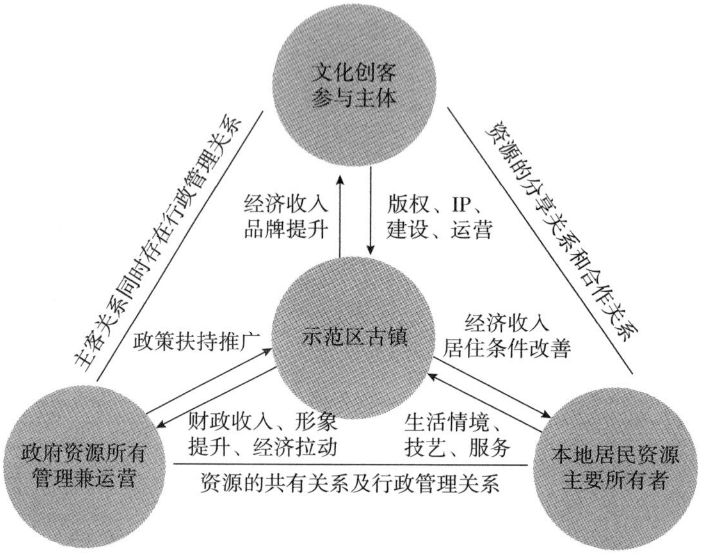


**图 8-8　示范区古镇与政府、本地居民、文化创客关系**

### （二）新居民准入机制

建立新居民准入机制，引入创业者、文化产业从业者、艺术家、匠人等。动态管理社区居民，明确新居民准入条件如对社区文化保护、传承，社区发展等做出突出贡献的可准入为社区新居民；在社区连续居住满三年可准入为社区新居民等。

赋予新居民古镇资产运营权，对其进行创新创业扶持，引导其入驻虚拟化数字网络化平台，以推动文化遗产保护与发展，提升社区活力、信息流动交换、能量传导、人气聚集。

## 三、示范区古镇产业准入机制

### （一）招商入驻机制——招商委员会

组建产业招商委员会，构建产业平台，明确投融资模式、产业准入指标、产业培育模式等，通过产业招商委员会的运营管理带动相关企业产业化、市场化聚集，并高质量融入创新经济网络中。

### （二）文化贸易机制——文化遗产产业促进委员会

通过文化遗产产业促进委员会，建立文化遗产产业商品资产化的组织计划，并制定文化创业、文化商品生产等方面的规章制度。

## 四、建设四省市联动平台

基于长三角生态绿色一体化发展示范区建设，以及江南文化品牌的历史积淀，在古镇增设四省市（江浙沪皖）联动项目，促进水乡古镇发展，提升江南文化品牌知名度。

### （一）成立古镇文创基金

四省联合围绕古镇文化研究、人才培训、精品创投、创意设计、文体旅游、传媒影视等方面，引入优质市场化主体，成立古镇文创基金，为古镇发展前端的理论研究、中端的核心产品开发、后端的市场品牌营销提供全产业链资本支撑。

### （二）成立江南文化（遗产）研究协会

以江南文化保护、传承、发展为宗旨，四省联合成立江南文化研究协会，对示范区内古镇的物质文化遗产和非物质文化遗产进行研究、保护和开发，主要开展以下几方面工作：

——江南文化（遗产）资源整理、挖掘、保护，包括不限于古镇、古村、古街、寺庙、桥、河流、名人故居、古树、古码头等；江南文化遗产管理标准制定；文化遗产保护人才培养。

——活化利用江南文化遗产，即常态化举办江南文化研究论坛、古镇发展研讨会等会议会展活动；举办与当代艺术相结合的节庆赛事、旅游演艺活动。

——通过书籍、刊物、视频、图片以及文化创意旅游商品的制作、市场营销，推广江南文化及江南独特的人居范式。

### （三）打造江南文化空间

深挖江南文化内涵，结合创意思想，开发本土文化和休闲品牌，满足中产阶层和精英人群在地化文化体验需求，四省（市）（江苏、浙江、上海、安徽）分别打造具有江南文化特质的高价值文化产品体验空间，尽显江南独有的场所范式和营造模式，重点打造住宿、文创、餐饮、艺术、休闲五大内容空间。

# 第九章
# “文旅融合”的江南文化示范区发展设想

## 第一节　遗产旅游

世界旅游组织对遗产旅游（Heritage Tourism）的定义是，深度接触其他国家或地区自然景观、人类遗产、艺术、哲学以及习俗等方面的旅游。

文化与遗产属于江南文化旅游体验的核心要素。笔者认为江南文化遗产旅游承载着一种意义：唤醒在地人的故乡记忆，让“诗情画意、美好江南”与生命之间的联系更为深刻。笔者认为示范区古镇应该构建从时光古色到明日江南的遗产旅游线路和遗产旅游的解说与体验体系，凸显江南文化遗产在历史、文化、艺术、科学等方面的魅力，引导游客从艺术、历史、科学等方面理解江南文化的内涵，并形成遗产保护的意识。

### 一、示范区江南文化遗产旅游的解说与体验体系

#### （一）“文化媒体人”引导的解说与服务体系

通过江南水乡古镇数字化博物馆平台（3D全景呈现、VR、AR、AI及高清摄像等技术），利用“直播+”模式来塑造文化遗产传承、知识传播新场景。同时链接文创贸易平台，形成“科普+体验+交易”模式，带动文化遗产资产化。

数字化沉淀文化历史，推动文化知识“云科普”。“云看展”的突破点在于跨越了物理空间和知识门槛（而游览博物馆本身的物理空间限制是长期存在的，线下游览的知识门槛也是长期存在的）。

智研咨询数据显示，2009 年至 2018 年，国内线下博物馆的参观人次逐年递增，2018 年已经超过 10 亿人次。借助“云看展”为线下博物馆引流逐渐成为一种主流的做法，技术带来的数字化创新正在改变着博物馆文化与大众市场的对接方式。《行走的文明》直播节目进行八期海外博物馆探访，已累计吸引 500 万观众进行线上观看。

## （二）江南文化遗产旅游视觉运营体系

城市之间的竞争是心智的竞争。“心智城市”表达的是城市对人的吸引力，江南水乡的“心智”是：诗意的栖居。江南水乡遗产中的历史信息、文化基因传递的是人们对一种美好生活方式的向往。江南古镇应该围绕江南水乡文化的心智模式构建旅游视觉运营体系，按照《巴拉宪章》《威尼斯宪章》来收集示范区江南文化遗产并通过视觉设计完成对其“文化资产”的描述，建立江南文化遗产的视觉形象系统和可感知“诗情画意、心灵江南”的游览图册，为游客打造超级入口。同时，还应该利用视觉形象体系和感知地图系统构建起江南文化遗产游线的想象风景，为江南文化遗产品牌体验和数字营销奠定基础。

◇ 世界遗产谱系的建立遵循了两个重要的文件——《威尼斯宪章》和《巴拉宪章》。《威尼斯宪章》的核心是“历史信息”，《巴拉宪章》的核心是“文化重要性”，指文化对过去、现在及将来的人们具有美学、历史、科学、社会和精神价值。

## （三）江南文化遗产旅游解说体系

1999 年通过的《关于文化旅游的国际宪章》指出：“遗产保护的一个基本的内容是，向它的所有者和游客说明它的价值和保护的必要性……”文化遗产地具有深厚的文化内涵，这是吸引旅游者的核心资源。旅游者来文化遗产地旅游多是想领略它的文化魅力，以寻求一种异质的文化体验为目的。

示范区古镇应建立一套完整的江南文化遗产旅游解说系统，串联起活态线性遗产与生态廊道。该解说系统是由旅游解说供给方、旅游解说媒介、解说受众等组成的一个有机整体，主要目标是服务、教育、启迪受众塑造旅游地的形象。旅游解说系统可以提高游客的参与性，使到访者与江南水乡文化共情，丰富游客的体验，使其在获得表层旅游体验的同时内心也感到满足。

## 二、构建非物质文化遗产旅游化运营体系与信息网络体系

通过遗产商品开发和文化商贸旅游展现非物质文化遗产价值；以社区营造推进非物质文化遗产的保护与传承，凸显其匠作技艺使其成为旅游吸引物；构建数字博物馆及江南数字生活社区，让非物质文化遗产在信息网络体系中借助“云游”“云看展”“实时交互+旅游”的方式展现旅游价值和经济能量。

## 三、点燃示范区江南遗产的“数字篝火”

依托大数据，以“科技+数字+新能源+光影”的模式构建故事性、体验性的古镇场景。

如金泽享有“江南第一桥乡”的美誉，故人称千年“桥乡”。由于年久失修，古桥损坏严重，我们无法利用重建“假古董”的方式重现金泽的桥庙文化。但是我们可以利用大数据，“数字篝火”，构建金泽文化体验系统，重塑当地人记忆中的故乡，让外地访客体味江南文化“智慧消融于美”的哲学。

## 四、建设非物质文化遗产保护体系

### （一）完善示范区非物质文化遗产机构建设

示范区各主要区、镇、村可成立非遗保护中心，安排专人专职负责非遗工作；建立示范区非遗保护工作联席会议制度，制订具体的非遗保护工作方案；设立示范区非遗扶持资金，对非遗项目和传承人进行补助。

### （二）完善非遗名录项目和传承人建设

示范区应以非遗名录项目和传承人建设为重点，逐步建立比较完备的名录和传承人体系。首先，建立并完善非遗普查制度，开展日常性的非遗资源普查，运用各种方式对非遗项目进行真实、系统和全面的记录，建立非遗资源体系；其次，建立民间艺术生态保护区，重视对民间非遗艺人的扶持，使重要的非物质文化遗产得到有效保护。

### （三）加强非遗保护宣传教育

政府、相关企业应充分利用多种形式，广泛宣传非物质文化遗产保护的重要性，增强全社会的保护意识，使非物质文化遗产在全社会得到尊重，打造江南文化艺术形象、江南文化品牌。

### （四）推动非遗项目传承和创新

示范区内各城市应合作开展地方戏曲振兴、传统工艺传承等民间民俗文化活动，共同促进江南地方文化的传承与创新。此外，应推动传统技艺、表演艺术等非遗项目进重点旅游景区、进企业、进社区，推进文化主题公园、文化主题酒店等文旅融合发展业态的提质升级。

## 第二节　生态旅游

### 一、构建生态旅游交通网络体系

示范区古镇作为一个整体，“诗情画意·心灵江南”是其对外独特的名片。示范区应该构建完整的水陆交通网络体系，将各个小镇紧密地连接在一起。

示范区应对区内所有行进路线进行梳理整合，结合境内江南水乡文化、自然风景，形成涵盖不同景点、具有多种维度的游览体系，串联起各个古镇，打造主题型生态旅游线路，如舒适休闲线路、饱含历史感的文化线路、遗产巡礼式的艺术线路，给游客带来不同的游览体验。

示范区内的交通网使各镇共同组成了一个既能均衡负载，又能串联发展的“血液循环”系统。各个古镇由统一的交通网络、服务节点串联，形成完整的休闲旅游区，而非割裂分散的普通乡镇。这种交通网络盘活了区域的集群发展，古镇之间相互引流，有效地避免了游客扎堆现象的发生，而其自身也成为示范区不可或缺的休闲体验构成。

### 二、以水为脉发展生态创意旅游

开发生态旅游创意体验产品与服务，以水为脉策划旅游项目如水上运动、水上节庆、水上贸易、水上夜游、水上音乐节、水上商贸节等，一定程度上缓解古镇承载量的问题。

## 第三节 产业旅游

### 一、文化创意产业旅游

以文化创意为主导的旅游发展应该把握江南水乡文化遗产的脉络、格局、特性，强调地方性和社区融入，通过产业融合和“地方营造”，推动文旅产业的多元化、融合、创新发展。文化产业空间再造的地域、场所在江南水乡生活中延展开来，融入城镇和社区肌理。文化创意产业聚集必然形成了旅游吸引的一条优选路径。

#### （一）建设江南文化创意园区

通过出台优惠政策、提供资金援助，鼓励社会组织、影视传媒公司、文化创业者各类群体，以江南文化挖掘、展示利用为核心，借助现代新型科技，基于工业园区逐步形成集聚区，打造数字江南体验、江南影视再现、江南非遗体验、现代江南印象等多主题类型的江南文化创意园区，以文化创意催化、转化江南文化资源，从而丰富江南文化展现载体，提升江南文化展示和体验价值。

#### （二）打造江南文化景观地标

文化是一座城市的灵魂，景观地标则是这个灵魂的可视符号。景观地标不仅是区域内涵的“文化名片”，更是区域旅游的“形象代言”，散发出区域独特的魅力。示范区应在深挖江南文化内涵的基础上，结合现代创意设计理念，在示范区各区、镇重要节点，包括重要旅游区、城市商圈，以及高铁、高速公路等连接周边省市的重要交通节点，打造多样化的江南文化景观地标，满足本地居民和旅游者对江南文化的感知需求。

### （三）丰富江南文化产品

1. 开发江南文化特色商品

江南文化特色商品是江南文化的延伸。一是重新梳理江南文化示范区范围内的物质和非物质文化遗产资源，如传统历史故事、传统手工技艺、特色历史建筑等，提取相关元素，结合现代技术和创意思想，开发出有江南文化特色和创意的旅游纪念品。二是设计一套江南文化示范区主题卡通形象，全面植入长三角生态旅游一体化示范区中的各大景区景点，突出展示区域文化，助力旅游产业发展。

2. 丰富江南文化演艺活动

旅游演艺是旅游与文化结合的产品形态。以经济、社会、文化和生态效益最大化为原则，挖掘江南各个时代的历史故事、民俗文化、书画艺术等，借助现代声光电科技，在重要景区景点、文化活动场所、标志性景观节点等区域以固定、随机的形式，推出不同类型和规模的文艺演出，将江南文化以可听、可看、可参与、可欣赏的形式展现给本地居民和游客。同时，突出非遗民俗曲艺展演进景区、进社区、进学校，开展多种形式的游览、观赏、学习、体验和交流活动，将演艺作为促进产业发展的重要软性活动措施。

### （四）打造独具江南文化特色的旅游休闲业态

1. 建设江南文化主题民宿

鼓励示范区内各类旅游企业、酒店类企业，以江南文化为核心元素改造已有古民居、酒店或建设新酒店设施，将江南文化特色融入内部装饰和外部景观设计中，实现古老江南文化体验和现代文明休闲理念完美结合。

示范区应与高端民宿品牌运营机构合作，给予其土地、税收等相关优惠政策，形成品牌化发展态势，进行区域推广和全国复制。

2. 发展江南文化主题餐饮

江南餐饮从菜品开发到餐馆内外装饰都展现着江南地域文化的特色。示范品应推出定制菜品，将美食与文化联系在一起，把地方小吃推上餐桌，同时举办各类美食节庆活动，加强江南美食文化与全世界美食文化的交流，提高江南美食的知名度和影响力。

3. 推出江南文化主题线路

基于江南文化，推出更多以江南文化历史、江南音乐、江南书画、江南古代建筑、江南景观等为主题的研学旅游线路和项目，同时针对不同年龄的人群，开发深浅程度不同的研学课程，提高江南文化的可参与性、可学习性和可传承性，产业化推广江南文化，提高公众对江南文化的感知度。

## 二、康养产业旅游

医疗旅游不仅包括高端体检、基因检测、慢性疾病治疗等小众化项目，还包括抗衰老美容、身体排毒、瑜伽冥想、禅修朝拜，以及以健身为主的康养等大众化项目。“医疗+度假+购物”的生态康养旅游模式是示范区生态旅游加产业旅游探索的一个方向，未来或可朝着“康养+未来医疗+生态旅居”的方向发展。

韩国把“整容观光”和“保健观光”开辟为招揽游客的新项目。韩国政府根据其1999年制定的《韩国保健产业振兴法》，把保健产业打造成国家经济的战略性产业。医疗观光是一种高附加值产业，既能增加就业机会，又能带动旅游业发展。

2017年，中国公民出境旅游突破了1.3亿人次，花费达1152.9亿美元，保持世界第一大出境旅游客源国地位。其中，出境医疗旅游占出境旅游的1.2%，总人数超过80万；每年去印度体验瑜伽的人数超过8万，去泰国进行康养旅游的人每年达到10万。

# 第四节 商贸旅游

国内的商贸旅游还停留在以“旅游休闲购物”为主的阶段，部分古镇大多采用小商品购物街区化模式发展商贸旅游。我们认为应该通过“永不落幕的贸易博览会”这一文化IP来重构示范区古镇商贸旅游模式，形成线上、线下高密度信息流、商品流的交换，同时从顶层设计上为商贸旅游产业化构建闭环系统。

江南古镇可打造永不落幕的中国国际进口博览会（以下简称进博会），依托进博会强大的政策资源优势、产业资源优势、品牌资源优势，充分发挥进博会后发效应，实现与青浦各项资源优势的完美嫁接，打造古镇文化与现代时尚接驳地，形成集古、今、中、外于一体的高端综合休闲体验目的地。

（1）依托进博会国内外企业品牌资源，以差异化发展为原则，在朱家角（尚都里）、金泽镇、练塘镇以及青浦其他地区，设立各类国内外优质品牌体验馆，实现进出口商品的日常化博览体验，满足社区居民和游客的游览和消费需求；

（2）聚集高质量品牌资源，引入国际一线奢侈品牌、潮流服饰品牌、米其林星级餐厅以及国内外知名食府；

（3）引入各类文化生活品牌，涵盖书店、美学生活等艺术及生活品牌；

（4）重点在青西三镇建设相应服务平台（资金、政策、税收等）、基础设施，吸引各类运营主体入驻。

◇ 1972 年墨西哥政府在墨西哥坎昆投资 3.5 亿美元建设旅游区和自由贸易中心，重点发展旅游业。

## 第五节　教育旅游

笔者认为示范区可打造“高校巡礼之旅”，将示范区内的大学作为旅游核心吸引物，探讨示范区大学与产业园区以水相连发展水上游憩和产业观光的可能性。另外，在产学研协同创新经济网络模式下，教育社交旅游也是示范区文化旅游的创新方向。

◇ 剑桥是每个在英国留学的学生必去的旅游城市，这里有着英国最高的学府。当地经典的旅游项目是剑桥游船。在长达 45 分钟的游船游览中，游客可以领略到剑河约 3/4 的景致，是真正的历史人文和自然之旅。

# 第十章

# 青西三镇示范点落地机制

长江三角洲一体化背景下，上海城市不断向西发展，青浦三镇成为发展热点。朱家角、金泽、练塘这三镇互相毗邻，发展侧重点各有不同，在长江三角洲一体化示范区的国家战略下，成为联系紧密，又各具特色的城镇。未来，三镇将在明确“7+X”古镇发展体系下的发展分工和自身发展基底的基础上，联动发展，致力于打造“世界著名湖区”“绿色创新发展新高地”“人与自然和谐宜居新典范”。

## 第一节　青西三镇发展定位

青西三镇的发展定位具体如下：
朱家角（魅力江南）——永不落幕的贸易博览会。
金泽镇（明日江南）——世界生态人居典范。
练塘镇（心灵江南）——度假型古镇 & 文化信仰中心。
魅力江南、明日江南、心灵江南各是其品牌定位。

## 第二节　青西三镇发展模式

### 一、朱家角

朱家角是江南水乡古镇的时光（古色、亮色、美色）殿堂、数字江南的枢纽、文化产业聚集地、高密度信息网络中心、遗产旅游核心。

### （一）朱家角整体空间建构模式

朱家角的空间建构模式如图 10-1 所示。

**图 10-1　朱家角的空间建构模式示意图**

1. 朱家角文化遗产核心区

朱家角古镇倡导按照修旧葆真的原则进行修复，强调文化遗产的历史价值、文化价值、美学价值、艺术价值、科学价值。以可持续为目标导向，以发展“文化遗产+旅游”为重点，将文化遗产、文化资源转化为文化资产。根据建筑分类：街巷（河道）、宗教建筑、园林建筑、文化教育建筑、商业建筑、公共建筑，登记、梳理产权情况、建筑商业使用情况，重新进行业态规划，逐步调整业态。重点引入非遗文创、传统民俗等文化体验业态，同时合理规划业态配比，引入特色美食、主题客栈、特色购物、休闲娱乐等业态内容，突出朱家角历史文化主题特色，避免业态同质化。

2. 朱家角江南文化社区

朱家角江南文化社区是一个复合空间：其一，古镇范围内的承载量、空间有限；其二，古镇区域朝着文化遗产保护样板间方向发展。其定位为：高密度信息交换中心、魅力江南的数字枢纽。通过数字化产业协同进行产业赋能，创建文化智慧社区，以“数字+”“文化+”“遗产旅游+”形成智能产业场景。在朱家角江南文化社区里构建起数字博物馆、数字街区、文化贸易中心，用数字技术去复原、传播、叠加历史记忆，塑造超时空江南。重点增加数字科技体验业态，构建多类型（文化体验、餐饮住宿、休闲娱乐等）江南文化数字化体验场景，以现代创意科技手段再现江南文化特色价值。

3. 朱家角文化遗产价值发展区

“尊重文献里、历史里，甚至想象中的古迹，用新的方法、方式做到时光留色。”根据“魅力江南”“时光殿堂”的美学理想，创建文化遗产价值发展区保护文化遗产价值和城市的记忆感。通过新文人、新匠人来打造美学想象、构建江南文化想象共同体。为工匠艺人提供创业空间、优惠政策、配套设施等，构建匠人工坊群落，形成完整的匠作产业体系，释放传统工艺和现代工艺发展价值，传承遗产文化。

4. 朱家角历史性城市景观发展区

推进水系、绿廊复合网络化，形成江南文化核心风貌带，打造连接古今的时光长廊。发挥水系、绿廊的资源价值，化两者为金色产业。以保护生态水系为核心，重点布局生态观光、创意休闲、文化体验类项目，凸显江南水乡景观特色，满足社区居民和游客回归自然、享受田园生活的发展需求。

### （二）朱家角古镇保护发展模式

1. 创新古镇保护机制

组建江南古镇修复团体，以匠人为江南风貌营造主体（属地化匠作体系），通过公司模式运营管理，形成江南水乡的匠作体系。

2. 保护策略

突破“三区三界”的限制，构建江南水乡完整的发展系统，打造文化遗产核心区、江南文化社区、文化遗产价值发展区、历史性城市景观发展区。

修旧葆真，即“去主题公园化”“去伪古董、伪博物馆”。严格保护历史遗存、文化意象、历史景观空间、文化肌理。朱家角古镇文化遗产核心区应该发展成为江南水乡古镇的时光殿堂，唤醒城市记忆、江南水乡记忆。

联动居民社区、公益团体创建公众教育空间、文化活动空间、研学科普空间，突出文化遗产面向公众的科普教育价值。

### （三）朱家角可持续发展经济动能——“数字经济+文创经济”

1. 高能级创新经济网络：数字化文化贸易、江南文化版权交易

朱家角作为数字江南的枢纽及高密度信息交换中心，要以“数字化”助力

古镇的保护与发展。朱家角古镇作为江南数字生活社区的核心，应带动江南水乡古镇数字资产的应用研究和产能转化，加大数字基础设施建设并形成数字型文化资产及文化创意产业，积极发展5G场景下的数字云游、数字博物馆、数字文化遗产教育、数字文创等。

2. 高标准数字基础设施建设与运营机制

探索以市场为导向成立数字化文创资产运营管理公司，负责文创数字化基础设施建设（文创版权交易平台、文创贸易平台、数字店铺入驻）及江南文化遗产版权化拍卖与运营。

以朱家角为试点，积极引导文化媒体人、艺术家、设计师、匠人、手工艺者进行版权交易，进行文创业态、文创产品、文创商品、文创活动等多层面的开发与经营。打造版权与文创交易平台，区别于大型电商的海量商品交易，更专注艺术品、限定文化遗产商品、限定文化社群商品、限定粉经济商品的独家发售。古镇空间场景与数字街区、数字店铺虚实交互，让游客进行体验性购买。虚拟房屋产权与数字店铺：鼓励朱家角开放知名建筑的虚拟房屋产权与文化再创造版权，让文化居士等以虚拟房屋产权人及数字店铺经营者的身份入驻文创交易平台。结合5G技术，开放文创交易平台的数字直播端口。朱家角在地空间中需积极创造IP文化事件、场景等，如机器人苏绣时装艺术节。

3. 朱家角商业准入机制

倡导成立朱家角古镇招商委员会，确立商业准入指标、培育模式。

建议朱家古镇重新进行业态空间规划，以“去商业化”为原则，根据古镇范围内主要建筑使用（商业业态）的情况，逐步调整现有商业街区，逐渐清退不符合要求的业态。

## 二、金泽镇

金泽镇朝向世界人居最优样本发展。这里是畅想的明日江南、深绿经济廊道的核心。在我们畅想的明日江南里，金泽镇是示范区深绿型创新经济网络的枢纽、未来经济的展示窗口、江南水乡的绿色客厅，是最能凸显江南水乡“人居典范”价值的生态宜居之地。

### （一）金泽镇整体空间建构模式

金泽镇的空间建构模式如图10-2所示。

图 10-2　金泽镇的空间建构模式示意图

1. 金泽镇文化遗产核心区

金泽古镇的空间承载能力、自然资源状况不支持其发展成为传统的旅游观光型景区。但是金泽的文化资源较多，香汛很知名，所以我们认为其应以逆景区发展的理念，利用数字科技保护和发展金泽镇的历史文化。其应以遗产保护为主，以创意手段做轻开发，主要利用 AR、VR 等虚拟现实手段，以公共空间小场景为展示空间，串联再现金泽镇丰富的历史文化。

2. 金泽镇江南文化社区

金泽镇江南文化社区是新江南文化想象的共同体，是一种未来经济的新范式，是一个赋能的高场景、未来化社区、示范区新经济的窗口。这里应以高校+科创企业+高密度信息中心+产业园区的创新经济发展模式，推动以华为为代表的数字新基建企业的聚集，鼓励互联网企业联动示范区高校，探索创新网络的构建。这里还要推动人工智能化的社区营造，实现人工智能的生命连接和价值赋能，实现社区经济的综合效益，形成“生态+”“文化+”“宜居+”“旅游+”等一系列智能场景，发展成江南文化旅居生态智能岛；借鉴国外“产业发展+教育+旅游”的区域发展经验，推动城镇创新发展，重点引入文化旅游、创意会展、数字科技等业态，打造经济高地、产业研发基地和高端教育示范区。

3. 金泽镇文化遗产价值发展区

该区域作为金泽镇转型创新发展的重要外围配套区域，以满足科创产业和高端人才发展需求为基础，可链接江南文化创意会展产业、康养旅居度假产业、生命医疗产业、水上康体运动产业等，构建集前端产业研发、中段创新生产、后端创意服务于一体的完整服务产业链条，提高金泽镇产业发展价值位势。

### （二）金泽古镇保护发展模式

金泽古镇作为人居型的文化遗产地具有双重属性，所以也拥有双重的发展目标，一方面要保护文化遗产，另一方面要改善民居。

保护机制：探索社区营造机制，以居民为主体形成自下而上的保护与发展机制。

保护策略：金泽古镇按照逆景区化模式发展。在物质空间上按照“保护—保存—复原—改造—更新（封、关、拆、建、整、新）”的原则进行整体风貌的保护与更新。古镇外围工业区重新进行功能调整，进行土地资源再利用，发展相关产业、建设公共服务设施。

### （三）金泽镇可持续发展经济动能——创新经济网络枢纽

金泽镇以“高校+企业+技术创业中心+资本网络+产业赋能代言人”为创新体系，打造示范区创新经济网络枢纽，重点发展数字产业、生态科技产业、高校国际教育、会展经济、创意经济、水上经济等高能级未来经济新业态。

## 三、练塘镇

练塘镇以打造度假型古镇、青年信仰社区、情感链接的心灵家园为导向。

### （一）练塘镇整体空间建构模式

练塘镇的空间建构模式如图 10-3 所示。

1. 练塘镇文化遗产核心区

练塘古镇要以打造信仰中心和心灵博物馆为目标进行文化遗产保护。

2. 练塘镇江南文化社区

练塘镇江南文化社区是青年社区与小微企业集聚区，是一个扶持文化创客的平台，构建创客厅、信仰中心、创客学院、创客文化社群、云社区等场景，

图 10-3　练塘镇的空间建构模式示意图

以“旅游度假”为核心，联动文创、基因检测等产业打造创新产业闭环网络。

3. 练塘镇文化遗产价值发展区

该区域要凸显“田园里的江南”“心灵江南”的内涵构建旅居度假配套设施，打造信仰窗口（博物馆、艺术馆）。

### （二）练塘镇可持续发展经济动能——创意微集群经济

发展以旅居度假为核心聚集小微创新企业的创意微集群经济。创新管理机制：以江南文化型民宿委员会为核心搭建创意产业协同网络平台；青年社区与小微企业协同，构建以度假为核心的小微企业准入机制。

## 第三节　青西三镇发展重点工作汇总

第一，以“多规融一”为原则，编制示范区古镇发展总体规划，作为示范区城市与江南文化价值发展的纲领性文件。研究编制各个古镇的发展规划（遵从笔者提出的文化遗产核心保护区、文化遗产价值发展区、江南文化社区和历史性城市景观发展区的思路）。

第二，制定一系列有针对性的法规，为古镇文化遗产与城市文化资产保护提供保障。应研究制定有关示范区城乡（古镇）规划强制性内容的规定，作为政府规章，以对江南古镇的保护、利用与发展起到关键性作用。

第三，以“诗意栖居、心灵江南”的新内涵构建示范区空间规划体系，尤其做好空间利用与产业规划、城市风貌与美学设计，将江南水乡形态与生态文明品质融合、历史文化遗存与创新经济形态融合、文化旅游与古镇遗产空间融合。

第四，建立江南古镇保护机制。建立以“江南古镇匠作体系修复建设”为核心的管理、研发和市场化运营机制，成立相关研究机构和运营公司，助力江南古镇核心保护区建筑景观与风貌环境的建设，为示范区渐进地、不间断地推进古镇保护工程，如文物抢救工程、解危工程、水系环境整治工程、古镇街区保护修复工程、非物质文化遗产抢救保护和预防性保护工程等提供指导。同时重视江南文化遗产保护的情感培育和传统技艺的传承培训，使全社会关注，自觉参与其中。

第五，建立画意江南环境美学营造机制。落实“一切智慧皆消融于美”的空间构想，用“诗情画意”美学理论指导示范区空间规划建设工作。发挥专家智库作用，对示范区城市规划设计、建设管理等重大议题提供城市空间美学管理层面的咨询论证，为政府科学决策提供依据。

第六，以朱家角古镇为试点，建立江南水乡古镇数字资产化应用研究和产能转化机制，构建以5G、人工智能、生物科技、新能源为主要应用的高能级产业协同创新经济网络，促进数字化文化贸易、江南文化版权交易等产业赋能，形成以文旅融合、全域旅游为指引的数字化创新应用场景。

第七，打造连通朱家角与金泽古镇的江南文化时空长廊，形成具有示范区高显示度的历史性城市景观发展轴、永不落幕的贸易展示带和古镇水岸经济带。

第八，以金泽古镇为核心，建立以知识型深绿产业为带动的江南水乡人居典范样板间，成为世界级“诗意栖居”的国际化旅居目的地、深绿型经济产业的客厅。

第九，以练塘古镇为核心，以博物馆文创型民宿和青年社区为载体，发展文化创意产业+微度假旅游，形成江南古镇网络中的创客 & 信仰中心。

第十，建立区域一体化动态创新管理机制。示范区古镇发展由一系列文化政策、产业平台、融资交流和文化、环境、设施建设等动态行为组成。通过组建产业联盟、建立创新网络机制等的方式，将政策审批、社区化运营、市场化运作等纳入一体化动态创新管理机制，提升示范区古镇一体化发展品质。